dtv

Nikotin, Alkohol, übermäßiges Essen, Fernsehen – zahlreiche Süchte und Abhängigkeiten sabotieren immer wieder unser Streben nach einem selbstbestimmten, ausgeglichenen Leben. Deepak Chopra legt dar, wie wir auf ganzheitlichem Weg der Suchtanfälligkeit die Grundlage entziehen können, statt nur deren Symptome zu behandeln. Auf den Prinzipien des Ayurveda gründend, zeigt er einen praktischen und für jedermann gangbaren Weg auf, um die individuellen Muster, die der jeweiligen Sucht zugrunde liegen, durchschauen und in positive Antriebskräfte verwandeln zu können. Zugeschnitten auf den jeweiligen Persönlichkeitstyp gibt er konkrete Anleitungen für den Alltag: Ein Übungsprogramm in zwölf Schritten hilft, zum inneren Gleichgewicht zurückzufinden, unterstützt von Meditation, Atemübungen, Yoga und der richtigen Ernährung. Auf diese Weise gelingt es jedem, sich nicht nur aus Abhängigkeiten zu lösen, sondern diese in die Erfahrung echter Lebensfreude zu transformieren und zu einem wahrhaft erfüllten Leben zu gelangen.

Deepak Chopra ist Internist und Endokrinologe sowie Gründer der American Association for Ayurvedic Medicine und Direktor des Sharp Institute for Human Potential and Mind/Body Medicine in San Diego, Kalifornien. Seine Bücher erreichen weltweit Millionenauflagen. Bei dtv erschienen von ihm bereits ›Lerne lieben, lebe glücklich‹ und ›Das gesunde Herz‹.

Dr. med. Deepak Chopra

Wege aus der Sucht

Aus dem Englischen von
Brigitte Klein

Deutscher Taschenbuch Verlag

Von Deepak Chopra sind im Deutschen Taschenbuch
Verlag erschienen:
Lerne lieben, lebe glücklich (36170)
Das gesunde Herz (36217)
Mit Kindern glücklich leben (36267)
Die göttliche Kraft (36272)

*Wichtiger Hinweis
für die Leser dieses Buches:*

Dieses Buch soll Ihnen helfen, gesund zu leben. Es kann
kein Ersatz sein für die Untersuchung und den Rat einer
erfahrenen (Ayurveda-)Ärztin oder eines Arztes, wenn
Sie krank sind. Suchen Sie deshalb unbedingt eine Ärztin
oder einen Arzt Ihres Vertrauens auf, wenn Sie das Gefühl
haben, Sie sind nicht gesund.

Ungekürzte Ausgabe
Mai 2001
2. Auflage April 2005
Deutscher Taschenbuch Verlag GmbH & Co. KG,
München
www.dtv.de
Titel der amerikanischen Originalausgabe:
Overcoming Addictions. The Spiritual Solution
Harmony Books, New York
© 1997 Deepak Chopra
© der deutschsprachigen Ausgabe:
1999 Gustav Lübbe Verlag GmbH, Bergisch Gladbach
ISBN 3-7857-0924-2
Umschlagkonzept: Balk & Brumshagen
Umschlagfoto: © photonica/Dirk Anschutz
Gesamtherstellung: Druckerei C. H. Beck, Nördlingen
Gedruckt auf säurefreiem, chlorfrei gebleichtem Papier
Printed in Germany · ISBN 3-423-36229-4

INHALT

Teil III: Wege in die Unabhängigkeit

TEIL I

WARUM WIR IN ABHÄNGIGKEIT GERATEN

1 AUF DER SUCHE NACH DEM EIGENEN WEG

Meiner Meinung nach sind Abhängigkeiten und ihre Folgen das schwerwiegendste Gesundheitsproblem, dem sich unsere Gesellschaft heute gegenübersieht. Herz-Kreislauf-Erkrankungen, Atemwegserkrankungen wie das Lungenemphysem, viele Krebsarten und auch Aids sind nur einige der Krankheiten, die – direkt oder indirekt – durch Sucht verursacht werden. Dieses Buch ist ein Versuch, ein umfangreiches und vielschichtiges Problem auf kleinstem Raum darzustellen. Auf den ersten Blick mag das äußerst schwierig erscheinen. Manch einer hält es vielleicht sogar für vermessen, die ungeheuer komplizierte Problematik der Suchtkrankheiten auf wenig mehr als hundert Seiten abhandeln zu wollen. Dennoch glaube ich, daß dieses kleine Buch den Millionen von Menschen von großem Nutzen sein kann. Es kann den Betroffenen helfen, die selbst mit Suchtverhalten zu kämpfen haben. Auch Verwandte und Freunde finden hier Ratschläge für ihren Versuch, den Betroffenen bei der Suche nach einer Lösung zu helfen.

Selbst wenn ich mir das ungeheure Ausmaß der Abhängigkeitsproblematik in unserer Gesellschaft vor Augen führe, bin ich sehr optimistisch und beginne gern mit dem Schreiben. Das hat einen einfachen Grund: Obwohl wir auf den folgenden Seiten über tatsächlich durchlittene körperliche und seelische Qualen sprechen, geht es in diesem Buch im wesentlichen um etwas anderes – um

Gesundheit und Freude, Wohlbehagen und Überfluß, Liebe und Hoffnung.

Bis zu einem gewissen Grad ist meine äußerst positive Einstellung eher unüblich. Unsere Versuche, Suchtprobleme anzugehen, sind vielfach mit Ängsten, Konflikten und Verzweiflung belastet. Zuweilen tritt das sehr deutlich zutage, zum Beispiel in Wendungen wie »Kampf den Drogen« oder in den »Kriegsgeschichten«, die schildern, wie durch Suchtverhalten Karrieren zerstört und Leben vernichtet wurden. Manchmal zeigt sich die negative Haltung aber auch nicht so direkt. Sie verrät sich jedoch in der trostlosen Einrichtung vieler Behandlungszentren, in denen sich die Patienten, die auf Plastikstühlen in der Runde sitzen, in einem Raum mit schäbigem Linoleumfußboden und einer kalten Neonbeleuchtung mit ihren Problemen auseinandersetzen müssen.

Angst vor der Vergangenheit, Angst vor der Zukunft, Angst, den gegenwärtigen Augenblick zur Erfahrung wahrer Freude zu nutzen – Ängste bestimmen die Art und Weise, wie wir uns in Suchtverhalten verstricken. Angst ist allerdings auch ein Bestandteil vieler Suchtbehandlungsprogramme. Meiner Ansicht nach verspricht jedoch eine auf Angst gegründete Therapie bei den meisten Abhängigen langfristig keinen Erfolg. Deshalb werde ich Ihnen hier eine ganz andere Sicht von Abhängigkeit darlegen. Gewinnen Sie mit mir einen neuen Blick auf die Ursachen der Sucht und auf die Menschen, die ihr unterliegen.

Ich sehe den Abhängigen als Sucher, allerdings einen mißgeleiteten. Der Süchtige ist ein Mensch auf der Suche nach Lebensfreude, vielleicht sogar auf der Suche nach einer transzendenten Erfahrung – und ich möchte betonen, daß diese Art der Suche außerordentlich positiv ist. Der Süchtige sucht zwar am falschen Ort, aber er strebt nach etwas sehr Wichtigem, und wir können es uns nicht leisten, dieser Suche keine Beachtung zu schenken. Zumindest am Anfang hofft ein süchtiger Mensch darauf, etwas Wunderbares zu erfahren, etwas, das über eine wenig zufriedenstellende oder gar unerträgliche Alltagswirklichkeit hinausreicht. Niemand braucht sich deswegen zu schämen. Im Gegenteil, dieser Impuls ist die Grundlage für wahre Hoffnung und echte Wandlung.

Ich möchte bei der Charakterisierung des Süchtigen als Sucher sogar noch einen Schritt weiter gehen. In meinen Augen hat jemand, der noch nie den Sog eines Suchtverhaltens gespürt hat, auch noch keine ersten zögernden Schritte auf dem Weg zur Erkenntnis wahrer Spiritualität gewagt. Natürlich ist Suchtverhalten nichts, auf das man stolz sein könnte, aber es deutet auf das Streben nach einer höheren Erfahrungsebene hin. Trotz der Tatsache, daß chemische Substanzen oder ein zwanghaftes Verhalten letztendlich keine Erfüllung bescheren können, läßt allein dieses Streben ahnen, daß wir es mit einem wahrhaft spirituellen Menschen zu tun haben.

Die traditionelle indische Heilkunst des *Ayurveda,* das Wissen vom Leben (*Ayus* – Leben; *Veda* – Wissen) lehrt, daß es in uns allen die Erinnerung an unsere eigene innere Vollkommenheit gibt. Sie ist jeder unserer Zellen eingebrannt. Diese Erinnerung läßt sich nicht auslöschen. Wohl aber kann sie von Giftstoffen und Verunreinigungen in vielerlei Gestalt überlagert werden. Unsere eigentliche Aufgabe bei der Behandlung von Abhängigkeiten besteht also weniger darin, die schädlichen Auswirkungen süchtigen Verhaltens zu beschreiben, als vielmehr, unser Bewußtsein für die Vollkommenheit zu wecken, die in uns schlummert. Als Schuljunge habe ich Miltons »Paradise Lost« gelesen, sicherlich das größte Epos in englischer Sprache. Inzwischen ist mir klar ge-

worden, daß das Paradies in uns niemals wirklich verlo-
rengehen kann. Wir verlieren es vielleicht aus den Augen,
aber es bleibt stets in unserer Reichweite.

Für mich ist Musik die Kunstform, die uns am ehesten
mit dieser inneren Vollkommenheit verbinden kann. Musik kann ein intellektueller Genuß oder eine Art Mathe-
matik sein, aber sie spricht uns auch auf einer Ebene an,
die tiefer reicht als der bewußte Denkvorgang. Wir
spüren das, wenn wir Musik hören, und vielleicht sogar
noch intensiver, wenn wir selbst musizieren. In Konzer-
ten oder bei einem Liederabend bin ich immer wieder
beeindruckt, wie stark die Musik offensichtlich auf die
Ausführenden wirkt. Sie erfahren eine Art Ekstase. Musiker, die vollkommen in einem Konzert aufgehen, befinden sich in einer anderen Wirklichkeit. Sie strahlen eine
vollkommen unbefangene Freude und Lust aus. Dieser
Anblick ist faszinierend und inspirierend – eine solche
Erfahrung ist für jeden von uns auch in seinem eigenen
Leben erstrebenswert.

In diesem Zusammenhang denke ich daran, was ich
über das Leben von Charlie Parker gelesen habe. Er war
ein außergewöhnlich begabter Musiker, der im New York
der vierziger und frühen fünfziger Jahre die Entwicklung
des Jazz entscheidend beeinflußt hat. Seine Improvisatio-
nen auf dem Altsaxophon waren nicht nur unvorstellbar
schnell und phantasievoll, sondern auch von einer inneren Logik und Einheit getragen. Die jüngeren Musiker
vergötterten Charlie Parker und strengten sich ungeheuer
an, um so zu spielen wie er. Doch seine musikalischen
Fähigkeiten waren von nahezu übermenschlicher Qua-
lität. Worin bestand nun das Geheimnis, daß er so spielen
und diese besondere Sphäre betreten konnte, in die er
sich begab, wenn er auf der Bühne stand?

Charlie Parker war eben nicht nur ein großer Musiker,

sondern auch heroinsüchtig. Obwohl er seine besten Soli blies, wenn er keine Drogen genommen hatte, wurde das Heroin für eine ganze Generation von Jazzmusikern zur Modedroge. Sie benutzten es, um ihrem Idol zu gleichen. Dieses Bestreben war verständlich und sogar bewundernswert: Sie wollten teilhaben an der transzendenten Erfahrung, die sie bei einem anderen wahrgenommen hatten. Für viele talentierte Musiker hatte das jedoch verhängnisvolle Folgen. Heroin war für sie ein ungeeignetes, zerstörerisches und falsches Mittel, um das wichtigste Ziel ihres Lebens zu erreichen – große Musiker zu werden. Sie hatten gehofft, eine Abkürzung auf dem Weg ins Paradies zu finden, aber der Weg erwies sich als falsch.

Und das ist das Entscheidende am Suchtverhalten, ob es sich nun um Drogen, Alkohol, Tabak, Spielen, Fernsehserien oder eine andere der zahlreichen Versuchungen handelt, denen wir täglich ausgesetzt sind. Abhängigkeit beginnt dort, wo wir am falschen Ort nach dem Richtigen suchen. Wie der von C. G. Jung beeinflußte Psychologe Robert Johnson in seinem ausgezeichneten Buch »Ecstasy« schreibt, ist Sucht nichts anderes als ein minderwertiger Ersatz für das Erlebnis wahrer Freude.

2 AUCH DIE SEELE BRAUCHT NAHRUNG

»Der Mensch lebt nicht von Brot allein.« Dieses geflü-
gelte Wort steht sowohl im Alten wie im Neuen Testa-
ment, und seine Bedeutung ist leicht zu verstehen. Es be-
sagt schlicht, daß wir im Leben außer den materiellen
noch weitere Bedürfnisse haben. Bemerkenswert ist jedoch die Formulierung: Die spirituelle Befriedigung wird
als fundamentale Notwendigkeit des Lebens dargestellt,
vergleichbar dem Bedürfnis nach Nahrung. Dieser Punkt
wird auch in praktisch allen anderen Religionen und spirituellen Traditionen betont: Wir brauchen »Nahrung für
die Seele«, um zu überleben.

Meiner Ansicht nach müssen wir das wörtlich nehmen.
Unsere geistig-seelische Verfassung wirkt sich unmittelbar auf unseren Körper aus, das heißt auf den Stoffwechsel, die Verdauung, die Atmung und auf alle anderen physiologischen Funktionen. Dennoch haben wir unsere
spirituellen Bedürfnisse immer wieder ignoriert oder
falsch gedeutet. Zwar gibt es Anzeichen für einen Wandel
und ein neues Bewußtsein für spirituelle Werte, aber die
lange Tradition unserer materialistischen Einstellung
hatte und hat schwerwiegende Folgen, die in enger Beziehung zu der weiten Verbreitung des Suchtverhaltens in
der modernen Gesellschaft stehen.

Weil wir die Sehnsucht nach spiritueller Erfüllung vernachlässigt haben, ist es nicht verwunderlich, daß viele
Menschen die wahren Bedürfnisse der menschlichen

Seele mißverstehen. Sie haben eine bunte Vielfalt äußerst anregender Aktivitäten entdeckt und eine ebenso große Anzahl dämpfender Ersatzdrogen für die »echte Erfahrung« – die wahrhaft tiefe Erfahrung, die Robert Johnson »Ecstasy« nennt.

Das ist tragisch, denn wir brauchen die Ekstase. Wir brauchen sie genauso dringend wie Nahrung, Wasser und Luft, und doch hat die moderne westliche Gesellschaft davon kaum Notiz genommen. In den letzten dreißig Jahren haben wir immer klarer erkannt, welches Ausmaß die Umweltzerstörung erreicht hat, und wir sind dabei, eine Trendwende herbeizuführen. Aber gleichzeitig haben wir es versäumt, unsere spirituellen Bedürfnisse mit ähnlichem Eifer zu akzeptieren. Für mich ist das Problem der Suchtkrankheiten eine unmittelbare Folge dieses grundlegenden Fehlers.

In allen Kulturen und geschichtlichen Epochen haben die Menschen das Bedürfnis nach ekstatischen Erfahrungen verspürt – nach einer Freude, die die Alltagserfahrung transzendiert. Dieses Bedürfnis wurde in verschiedenen Kulturen auf ganz unterschiedliche Weise befriedigt, und einige waren spiritueller ausgerichtet als andere. Im 19. Jahrhundert versicherte der russische Schriftsteller Fjodor Dostojewskij, daß die Menschen von ihrer Gesellschaft dreierlei verlangten, um zufrieden zu sein: Wunder, Mysterien und spirituelle Führung. Diese drei Erfahrungen seien weitaus wichtiger als die Befriedigung ihrer materiellen Bedürfnisse. Vielleicht glaubt der Süchtige, durch seine Abhängigkeit könne er Wunder und Mysterien erleben, und wo es keine spirituelle Führung gibt, erscheint diese Aussicht um so verlockender. Ich halte Süchtige nicht einfach für schwach oder sogar für kriminell, sondern sehe sie als Menschen an, die mit Selbstzerstörung – in gewisser Weise verständlich – auf die spirituelle Leere inmitten des materiellen Überflusses reagieren.

Wir alle spüren die Auswirkungen dieses spirituellen Vakuums. Je nach Charakter und Lebensbedingungen reagieren wir darauf ganz unterschiedlich. Wir müssen erkennen, daß unsere Gesellschaft auf Sehnsüchte, die im Grunde genommen spiritueller Art sind, nur materielle Antworten bereit hat.

Ich denke da an einen Freund, der schon in jungen Jahren beruflich sehr erfolgreich war und es sich mit Anfang Vierzig leisten konnte, zu tun oder zu lassen, was er wollte. Und er wollte tatsächlich etwas, wenn er auch nicht so genau wußte, was es eigentlich war. Jedenfalls kaufte er sich ein Sommerhaus an einem See. Dann kaufte er ein teures Auto mit Allradantrieb, um zu dem Sommerhaus hinzufahren. Damit er etwas zu tun hatte, wenn er dort war, kaufte er ein Boot. Außerdem legte er sich ein teures Handy zu, damit er auch auf dem Boot und im Auto geschäftlich auf dem laufenden blieb. Bis hierher ist es die altbekannte Geschichte von finanziell erfolgreichen Leuten, die man immer wieder hört. Nachdem er nun Haus, Auto, Boot und Handy besaß, war mein Freund der wahren Erfüllung jedoch keinen Schritt nähergekommen. Er fühlte sich eher deprimiert, und die langfristigen Folgen sind noch nicht abzusehen. Wie sich herausstellte, eignet sich zum Beispiel das Boot prächtig für ziemlich wüste Trinkgelage.

Vielleicht, weil mein wohlhabender Freund ein grundsätzlich starker Charakter ist, hat sein Kaufrausch bislang keinen ernsthaften Schaden angerichtet. Jemand, der finanziell nicht so gut ausgestattet oder seelisch weniger robust ist, verfällt möglicherweise auf zerstörerischere Wege, um seine unbewußten spirituellen Sehnsüchte zu befriedigen. Alkohol, Drogen und ein gesundheitsgefährdendes Sexualverhalten sind eigentlich materielle Reaktionen auf ein Bedürfnis, das im Grunde genommen nicht körperlich ist. Aber da wir niemals gelernt haben, wo es nicht nur Sinnenkitzel, sondern echte Freude gibt, ist es kaum erstaunlich, wenn wir sie nirgends finden.

In seinem Buch »1939: The Lost World of the Fair« (1939: Die verlorene Welt der Ausstellung) benutzt der Computerexperte David Gelernter die New Yorker Weltausstellung als Ausgangspunkt für eine Analyse der zeitgenössischen Gesellschaft. Er kommt zu einigen für mich sehr überzeugenden Schlußfolgerungen. Nach der Weltwirtschaftskrise und kurz vor dem Ausbruch des Zweiten Weltkriegs bot die Weltausstellung eine Zukunftsvision, die für viele Menschen damals nahezu jenseits ihrer Vorstellungskraft gelegen haben muß. Eines Tages, so legte die Weltausstellung nahe, würde jeder ein Auto haben. Und damit nicht genug: Jeder würde eine Garage für sein Auto besitzen. Es würde preiswerte Häuser geben, elektrische Kühlschränke und sogar Fernsehgeräte für alle. Wie David Gelernter ausführt, beflügelte diese unmöglich erscheinende Vision die amerikanische Gesellschaft in den Kriegsjahren und der darauf folgenden Periode wachsenden Wohlstands. Und was wie ein unerreichbares Ideal ausgesehen hatte, gehörte nach und nach für viele Menschen zum Alltag. In dem Maße, wie immer mehr materielle Bedürfnisse befriedigt wurden, verringerte sich jedoch die Anzahl der verbliebenen erstrebenswerten *Dinge*. Da es *Dinge* waren, nach denen wir uns sehnten und für die wir arbeiteten, wurden die Hoffnungen und die Zielsetzungen weniger, sobald ein weiteres materielles Ziel erreicht war. Europa machte diese Entwicklung ein paar Jahre später, zu Zeiten des »Wirtschaftswunders« durch.

Heute haben wir den Traum verwirklicht, der uns da-

mals beflügelte. Wenn sich dieser Traum gegenwärtig für
viele Menschen als Alptraum erweist, so vielleicht deshalb, weil er auf unsere damaligen Bedürfnisse zugeschnitten war. Jetzt, wo viele von uns diese Bedürfnisse
befriedigt haben, brauchen wir etwas qualitativ anderes.
Wir brauchen mehr.

Noch komplizierter ist die Situation für jene Menschen, die den finanziellen und materiellen Erfolg nicht
erreicht haben, den wir heute mit dem Begriff »moderner
Lebensstandard« verbinden. Sucht ist in den ärmeren Bevölkerungsschichten weiter verbreitet als in den wohlha-
benden; die Folgen sind hier weitaus zerstörerischer.
Wenn ich Menschen, die sich vom materiellen Erfolg aus-
geschlossen fühlen, rate, für ihre spirituellen Bedürfnisse
zu sorgen, werfe ich damit einige schwierige Fragen auf.
Ist das nicht so, als sagte man einem Kind, erwachsen zu
sein sei gar nicht so interessant, wie es den Anschein hat?
Die Kinder wollen es trotzdem selbst herausfinden! Dennoch bin ich davon überzeugt, daß ein Bewußtsein der eigenen Spiritualität und ihre Erfüllung für jeden Menschen unabdingbar sind, gleichgültig, an welchem Platz in
der Gesellschaft er sich momentan befindet. Außerdem
glaube ich, daß dieses Bewußtsein die einzig wahre und
langfristig erfolgreiche Antwort auf Suchtverhalten ist. Im
folgenden versuche ich zu zeigen, daß spirituelle Erfüllung für alle erreichbar ist, ungeachtet des persönlichen
Lebenswegs oder der materiellen Mittel. Natürlich prä-
gen die individuellen Lebensumstände auch den Weg zur
spirituellen Entfaltung. Eine der größten Stärken des
Ayurveda ist jedoch seine Flexibilität, sich den einzigartigen Bedürfnissen jedes Menschen individuell anzu-
passen.

Der spirituelle Weg bietet meiner Ansicht nach
tatsächlich die Lösung. Zunächst werde ich ausführlicher

darauf eingehen, *warum* ich daran glaube. Nachdem wir
im zweiten Teil die Besonderheiten und Unterschiede der
Abhängigkeit von Substanzen oder Aktivitäten kennenge-
lernt haben, werde ich Ihnen im letzten Teil des Buches,
der mir am wichtigsten ist, zeigen, *wie* sich der spirituelle
Weg in Ihrem Alltag umsetzen läßt.

3 HANDLUNG, ERINNERUNG, WUNSCH – WIE ABHÄNGIGKEIT ENTSTEHT

Immer wenn ich mir in Erinnerung rufen möchte, was Staunen und Freude bedeuten, denke ich an einen schönen, sonnigen Nachmittag, an dem ich mit der dreijährigen Tochter meines Nachbarn spazierenging.

Obwohl uns der Ausflug in dem freundlichen, aber nicht weiter bemerkenswerten Wohngebiet nur einmal um den Block führte, brauchten wir dafür fast eine Stunde. Praktisch alles, was wir sahen oder hörten, wurde freudig begrüßt und angeregt diskutiert. Immer wieder blieben wir stehen und bestaunten die geparkten Autos. Meine kleine Freundin sprach über ihre Farben, Größen und Formen und bestand darauf, jedes einzelne zu berühren. Die gleiche verzückte Aufmerksamkeit widmete sie den Blumen auf dem Rasen vor den Häusern und der Sirene eines Feuerwehrautos in der Ferne. Als ein Flugzeug über uns hinwegflog, hielten wir sofort an und starrten zum Himmel hinauf, bis das Flugzeug nur noch ein winziger Punkt war. Und natürlich winkten wir.

Auf diesem Spaziergang habe ich etwas Wichtiges gelernt. Ganz offensichtlich rührte die Freude des kleinen Mädchens nicht von den Dingen her, denen wir begegneten. Was wir sahen und hörten, gab ihr nur den Anlaß dafür, etwas auszudrücken, was bereits in ihr war. Dieses Gefühl strömte ihr nicht aus der äußeren Welt zu, nein, ihr Herz und ihre Seele übertrugen es auf die Welt. Das

Wort Freude beschreibt für mich am besten diesen Zustand eines von innen heraus erzeugten Vergnügens.

Die meisten Menschen – zumindest die Erwachsenen – empfinden keine solche Freude, wenn sie um den
Block gehen, und dafür gibt es gute Gründe. Kinder leben in einer Welt der reinen Betrachtung. Für sie sind
Bilder, Geräusche und Gegenstände zum Genießen und
zum Spielen da, nicht zum Gebrauch. Das Leben eines
Erwachsenen dagegen wird von Verantwortlichkeiten beherrscht. Wenn wir an einem sonnigen Tag spazierengehen, erscheint uns die Welt als eine flüchtig wahrgenommene Mischung aus Farben und Strukturen, während sich
unser Geist weiterhin mit dem gerade anstehenden Haupt-
problem beschäftigt. Wie wir diese Erfahrungsebene auch
nennen mögen – Freude ist es jedenfalls nicht.

Aber nehmen wir einmal an, der in Gedanken versun-
kene Erwachsene schaute beim Gehen auf den Boden und
bemerkte plötzlich etwas Ungewöhnliches in seinem
Blickfeld. Einen Hundertmarkschein! Das hätte eine ans
Wunderbare grenzende Wirkung! Die gerade noch drän-
genden Sorgen verschwänden bei diesem erstaunlichen
Glücksfall sofort, wenigstens für einen Moment. Wenn Ihnen das passierte, würde Ihnen sicher augenblicklich eine
ganze Reihe von Möglichkeiten einfallen, was Sie mit dem
Hunderter anfangen könnten. Es würde vielleicht nicht
gerade Ihr Leben umkrempeln, aber bestimmt würden
Sie sich sehr darüber freuen – und es würde Ihre Stim-
mungslage dramatisch verändern. Was für ein Gefühl hätten Sie dabei? Ich bin sicher, daß Ihnen sofort das pas-
sende Wort dafür einfällt: Sie wären *glücklich*.

Hundert Mark zu finden würde Sie glücklich machen.
Das Geld ist ein äußerer Grund, und das innere Ergebnis
ist Glück. Freude hingegen könnte man als Glück ohne
äußeren Anlaß beschreiben. Freude ist eine bereits vor-

handene innere Verfassung, die unsere Wahrnehmung
der Umgebung bestimmt. Freude ist eine Ursache, Glück
hingegen eine Wirkung.

Damit will ich nun nicht sagen, daß wir als Erwachsene
bei jeder Gelegenheit versuchen sollten, die Welt so zu
erleben, als seien wir kleine Kinder, aber wir sollen uns
der Freude bewußt sein, die uns früher stets getragen hat.
Sie steht uns jederzeit zur Verfügung, wenn wir sie auch
häufig mit jener völlig anderen Erfahrung, die ich Glück
genannt habe, verwechseln. Glück ist etwas, nach dem
wir suchen, nach dem wir streben, um das wir sogar
kämpfen. Glück ist das, was wir finden oder, wahrschein-
licher noch, kaufen möchten. Freude ist das, was wir einfach sind.

Die Menschen versuchen, Schmerz zu vermeiden und
Vergnügen zu empfinden. Sie greifen nach der angenehmen Erfahrung, wo immer sie sich bietet. Wenn wir die
Verbindung zu den inneren Quellen der Freude verloren
haben und das von außen kommende Glück die einzige
uns bekannte Freude ist, dann streben wir nur nach dieser Erfahrung. Je nach unseren Lebensumständen kann
dies ein sehr positives und fruchtbares Unterfangen sein,
aber leider auch eine Sucht in einer ihrer vielen Erscheinungsformen.

In der kleinen Geschichte können wir den Hundertmarkschein auch durch andere Möglichkeiten ersetzen.
Nehmen wir einen jungen Mann, der in einer Umgebung
voller Leid und Gewalt lebt. Er findet nicht Geld, sondern eine Droge, die ihn augenblicklich in eine gänzlich
andere Erfahrungswelt katapultiert, wenn auch nur für
kurze Zeit. Nehmen wir an, ein anderer junger Mann
steckt beruflich in einer Sackgasse und fühlt sich außerdem durch die finanziellen Belastungen als Familienvater
unter Druck. Nachdem seine Frau zu Bett gegangen ist,

bleibt er noch auf und trinkt ein Bier. Er fühlt sich entspannter. Noch besser fühlt er sich, nachdem er ein halbes Dutzend Biere getrunken hat. Menschen finden andere Fluchtmöglichkeiten in der endlosen Liste von Suchtstoffen und Suchtverhaltensweisen. Wie immer die Erfahrung auch ausfällt – wenn sie angenehm ist, weckt sie den Wunsch nach Wiederholung. Für die Wiederholung entscheidet man sich, zumindest anfangs, freiwillig. Später, wenn sich die Sucht voll entwickelt hat, wird sie zur Notwendigkeit und sogar zum Zwang.

Der Ayurveda beschreibt die hier geschilderten körperlichen und seelischen Mechanismen sehr genau. Alles, was wir tun – ob wir einen Bleistift zur Hand nehmen oder in einem Schlauchboot durch Stromschnellen fahren –, registrieren wir innerlich auf einer Erfahrungsskala, die von ausgeprägtem Unbehagen bis zu intensivem Vergnügen reicht. Wenn die Handlung abgeschlossen ist, existiert sie weiterhin in unserem Geist – und auch in unserem Körper – als eine Erinnerung, die von Unlust oder Lust in einer bestimmten Intensität gekennzeichnet ist. Wenn die Bewertung »Unlust« stark genug ist, werden wir alles in unserer Macht Stehende tun, damit sie sich nicht wiederholt. Wenn uns etwas großes Vergnügen bereitet hat, werden wir uns genauso intensiv um eine Wiederholung bemühen.

Das Sanskritwort *Karma* bedeutet Handlung. Es kann eine physische Handlung oder einen geistigen Vorgang wie beispielsweise einen Gedanken oder ein Gefühl bezeichnen. Jede Handlung enthält die Samen der Erinnerung, die im Sanskrit *Sanskara* heißen, sowie die Samen der Wünsche, *Vasana* genannt. Der Unterschied zwischen beiden liegt darin, daß das eine rückwärts, das andere vorwärts gerichtet ist. Ist die Erinnerung an eine Handlung angenehm, bringt sie den Wunsch nach einer weiteren Handlung hervor, die mindestens so erfreulich ist wie die erste. Vielleicht wiederholt die neue Handlung nur die vorausgegangene. Sie kann aber auch ein Versuch sein, das Vergnügen zu steigern.

Die tiefe Wahrheit dieser Zusammenhänge wurde auch von philosophischen Traditionen erkannt, die nichts mit der indischen zu tun haben. Nach den Beobachtungen des französischen Schriftstellers Honoré de Balzac gibt es im Leben bestimmter, sehr gefühlsbetonter Personen – er bezog sich insbesondere auf Spieler und Liebende – eine Art Gipfelerfahrung, die alle danach folgenden Handlungen beherrscht, da die Beteiligten versuchen, die außerordentliche Erregung jenes einzigartigen Moments immer wieder zu erleben. Vielleicht ohne es zu wissen, lieferte Balzac damit eine genaue Beschreibung des Suchtverhaltens – Spielen und zwanghafter Sex sind zwei der am besten erforschten Suchtformen.

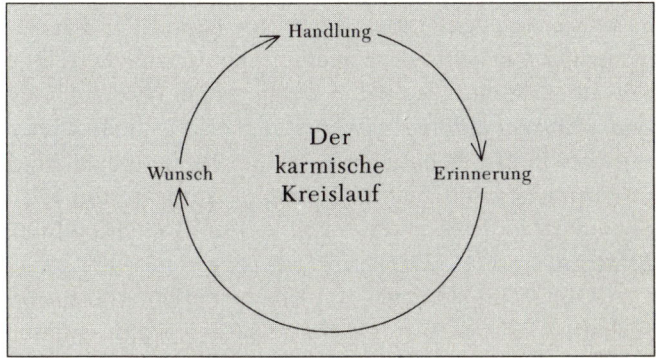

Wenn wir eine bestimmte Handlung einmal ausgeführt haben, so betont der Ayurveda, dann wird sie, zusammen mit ihren ständigen Begleitern Erinnerung und Wunsch, zu einem dauerhaften Bestandteil unseres Wesens. Alles, was wir tun oder sagen oder auch nur denken, wird als dreifacher Code von Handlung-Erinnerung-Wunsch in unseren Zellen gespeichert, und dieser Code läßt sich nicht mehr löschen. Das ist für den in diesem Buch vorgestellten Behandlungsansatz bei Suchtverhalten sehr wichtig. Wir werden deshalb hier nicht versuchen, die Erinnerungen und Wünsche »loszuwerden«, die dem Suchtverhalten zugrunde liegen. Vielmehr konzentrieren wir uns darauf, neue und positive Gefühle zu erzeugen, die die zerstörerischen Impulse der Sucht überlagern und ihnen damit ihre Kraft entziehen.

Eine Erfahrung, die ich vor ein paar Jahren mit einer Patientin in unserem Gesundheitszentrum gemacht habe, zeigt, wie das funktionieren kann. An ihrem Fall läßt sich die Wirksamkeit eines positiven, auf die individuellen Bedürfnisse zugeschnittenen Ansatzes bei der Behandlung von Suchtkranken beispielhaft erläutern. Meine Patientin war ein siebzehnjähriges Mädchen, das ich Ellen nennen möchte.

Als sie zum ersten Mal zu mir kam, hatte Ellen schwerwiegende Gesundheitsprobleme. Die Ursachen stellten sich rasch heraus: Sie nahm Drogen und hatte auch andere selbstzerstörerische Verhaltensweisen, die ihr Leben seit drei Jahren beherrschten. Ellen war heroinabhängig und infolgedessen auch in andere gefährliche und schädigende Handlungen verwickelt, darunter Diebstahl und Prostitution.

Als erstes beschloß ich, mit Ellen nicht über ihr Suchtverhalten zu sprechen. Das hatte sie schon mit anderen zur Genüge getan. So gut wie jeder Augenblick ihres Lebens war von der Sucht besetzt, entweder in Form von Beschaffung und Konsum der Droge oder in Form von therapeutischem Bemühen. Jede Behandlung war bisher im großen und ganzen erfolglos geblieben.

»Laß uns erst einmal nicht über deine Probleme re-

den«, schlug ich Ellen bei einem unserer ersten Treffen
vor. »Sprechen wir lieber über das, was du früher gemacht
hast. Gibt es etwas, das du besonders gern getan hast, als
du ein kleines Mädchen warst? Worauf hast du dich damals wirklich gefreut? Was hat dich am meisten interes-
siert?«

Ellen dachte eine Weile nach, als müßte sie sich an etwas aus sehr ferner Vergangenheit erinnern, und nicht
nur an die letzten zwei oder drei Jahre.

»Ich bin sehr gern geritten«, sagte sie dann. »Aber jetzt
kann ich mir überhaupt nicht mehr vorstellen, auf ein
Pferd zu steigen. Wahrscheinlich würde ich auch runter-
fallen. Früher war ich eben ein anderer Mensch.«

Wenn ich Ellen so anschaute, war mir klar, weshalb sie
das dachte. Sie sah ängstlich aus, müde und unterernährt.
Geistige, körperliche und emotionale Gesundheitsstörun-
gen standen wie eine undurchdringliche Wand zwischen
ihr und der Außenwelt, ja sogar zwischen ihr und ihren
innersten Bedürfnissen und Gefühlen. Das erste Behand-
lungsziel bestand also darin, diese Schranke zu beseitigen.
Ich schlug Ellen *Panchakarma* vor, die ayurvedische Reinigungskur. Nach einigem Widerstreben stimmte sie zu –
und fühlte sich danach, wie jeder, der *Panchakarma* gemacht hat, fast wie »neugeboren«. Der Ayurveda versteht
Geist und Körper als eine Einheit. Nach der körperlichen
Reinigung bis auf die Ebene der Zellen waren auch Ellens
Geist und Emotionen gereinigt und regeneriert. *Panchakarma* ist weder geheimnisvoll noch hat es etwas mit Wun-
dern zu tun, aber die Wirkung ist ausgesprochen dramatisch. Die chemischen und emotionalen Blockaden, die
Ellens wahres Selbst verdeckt hatten, lösten sich allmählich auf.

Als Ellen sich nach der Reinigungskur ein paar Tage
Ruhe gegönnt hatte, beschloß ich, ihr Suchtproblem di-

rekter anzugehen. Trotz ihrer Befürchtungen gingen wir reiten. Und wie ich mir schon gedacht hatte, machte es ihr großen Spaß. Im Sinne des Ayurveda war das von größter Wichtigkeit, denn das Reiten belebte eine spezielle Abfolge von Handlung, Erinnerung und Wunsch, die früher eine positive Rolle in Ellens Leben gespielt hatte. Meiner Überzeugung nach konnte das Reiten diesen positiven Einfluß erneut entfalten.

Als wir von dem Ausritt zurückkamen, fragte ich Ellen, wie sie sich fühlte. Ich bat sie, die eben gemachte Erfahrung noch einmal zu durchleben, während sie sie mir beschrieb. Ellen war angenehm überrascht, wie gut es ihr dabei gegangen war – sie hatte doch geglaubt, nie mehr reiten zu können. Ich schlug ihr vor, in meine Praxis zu gehen, weil ich etwas mit ihr besprechen wollte.

Als wir auf dem Sofa Platz nahmen, spürte ich, daß Ellen darauf gefaßt war, nun irgendwelche strengen Ermahnungen zu hören. Ich konnte ihr ansehen, daß sie sich – wie schon bei unseren ersten Treffen, stillschweigend in die Defensive zurückzog. Statt jedoch auf sie einzureden, bat ich sie wiederum, mir selbst etwas zu erzählen.

»Beschreib mir bitte einmal genau deine Erfahrungen, wenn du dir Drogen spritzt«, sagte ich. »Alles, vom Anfang bis zum Ende. Schildere mir exakt, wie es gemacht wird, und was du dabei fühlst.«

»Sie meinen, wie es ist, ›high‹ zu werden und wieder ›runterzukommen‹?« fragte sie.

»Nein, das ist ja nur das Endergebnis. Fang am Anfang an. Sag mir, wie die Spritze aussieht, wie sie sich in deiner Hand anfühlt. Beschreib mir, wie die Nadel aussieht und was du spürst, wenn du sie dir in den Arm stichst. Versuch mir die angenehmen Gefühle zu schildern, aber auch den Schmerz, die Angst oder Trauer. Was riechst du, wenn du Drogen nimmst, was für ein Geräusch macht die Spritze, wenn du den Kolben runterdrückst? Spürst du einen besonderen Geschmack, oder fühlt sich dein Mund irgendwie trocken an? Versuch einmal, den ganzen Vorgang für mich in deiner Vorstellung ablaufen zu lassen.«

Ich hatte verschiedene Gründe, Ellen darum zu bitten; in erster Linie aber war es eine Übung in *Aufmerksamkeit*. Im Ayurveda bedeutet Aufmerksamkeit, sich des gegenwärtigen Augenblicks voll bewußt zu sein. Es bedeutet, sich auf alle Sinne zu konzentrieren und die Körpersignale während einer bestimmten Tätigkeit genau zu registrieren. Ellen war nicht daran gewöhnt, während der Drogeneinnahme aufmerksam zu sein. Sie hatte gelernt, es ganz automatisch, roboterhaft zu tun, und die Droge benebelte ihre Sinne so rasch, daß dadurch der eigentliche Mechanismus der Erfahrung noch weiter verdeckt wurde. Ellen mußte also ihren Verstand und ihre Gefühle ziemlich anstrengen, um mir den Vorgang zu schildern, aber ich bestand darauf, daß sie alles detailliert beschrieb. Als sie geendet hatte, spürte ich, daß die Erfahrung diesmal klarer für sie gewesen war – realer und bewußter –, als wenn sie tatsächlich eine Spritze aufgezogen und die Nadel in den Arm gestochen hätte, wie sie es vorher schon so oft getan hatte.

»Du hast mir nun genau beschrieben, wie du Drogen spritzt. Jetzt möchte ich dich bitten, mir noch einmal zu schildern, was du heute nachmittag beim Reiten erlebt hast. Konzentriere dich wiederum auf deine Gedanken und Sinneserfahrungen dabei. Wie ging es dir, als du heute zuerst das Pferd gesehen hast? Was war das für ein Gefühl, als du deinen Fuß in den Steigbügel gesetzt hast? Wie fühlte sich der Ledersattel an? Welchen Klang hatten die Hufe auf dem Gras? Welche Gefühle überkamen dich während des Reitens? Führe mich von Anfang bis Ende durch die ganze Erfahrung.«

Die zweite Beschreibung fiel Ellen wesentlich leichter, nicht nur deshalb, weil unser Ausflug zu Pferd gerade erst stattgefunden hatte, sondern weil sie den Ritt *wirklich erfahren* hatte. Geist und Körper hatten die Betäubung der letzten drei Jahre abgestreift. Der Ausritt war für dieses junge Mädchen rundum von Leben und Freude erfüllt gewesen, und das schlug sich auch in ihren Worten nieder.

»Es ist jetzt an dir, zwischen diesen beiden Erfahrungen zu wählen«, erklärte ich Ellen, »und da du sie mir gerade genau und bewußt beschrieben hast, wirst du auch eine bewußte Entscheidung treffen können. Natürlich bin ich versucht, ein moralisches Urteil über den Unterschied zwischen dem Spritzen von Heroin und dem Reiten abzugeben, aber ich werde der Versuchung widerstehen, denn das würde keinem nützen. Ich sage nur so viel: Was du heute nachmittag gesehen, gehört, gerochen, getastet, gedacht und gefühlt hast, wird unerreichbar für dich sein – unmöglich im wahrsten Sinne des Wortes –, falls du dich für die Droge entscheidest.«

Glücklicherweise entschied sich Ellen gegen das Heroin und war auch stark genug, bei dieser Entscheidung zu bleiben. In meiner Methode lag sicher ein gewisses Risiko, aber ich glaube, daß sie gerade deshalb erfolgreich war. Ich habe von Ellen nicht verlangt, die durch die Droge erzeugten angenehmen Erfahrungen zu leugnen – ganz im Gegenteil sollte sie sich während unseres Gesprächs voll darauf konzentrieren. Aber ich lenkte ihre Aufmerksamkeit auch auf den mit dem Drogengebrauch verbundenen Schmerz. Das Reiten hingegen war die reine Freude. Es hatte ihr Spaß gemacht, bevor sie in Schwierigkeiten geraten war, und die wiederbelebte Erinnerung an diesen höheren Grad der Freude war imstande, das eher minderwertige Glücksgefühl beim Dro-

genkonsum zu überlagern. Wenn ein Drogensüchtiger
erst einmal Zugang zu einer Ebene tieferer Befriedigung
gefunden hat, die ein selbstzerstörerisches Verhalten ihm
nicht verschaffen kann, öffnet sich ihm ein Ausweg aus
der Drogensucht. Aus der wiederbelebten Erinnerung an
die innere Vollkommenheit entspringt ein Wunsch, der
stärker ist als die Sucht.

Die Grundlage der Methode, die Ellen einen Ausweg
aus der Sucht ermöglichte, könnte man »auf Wohlbefinden gegründet« oder vielleicht »bewußte Aufmerksamkeit
in Verbindung mit Wohlbefinden« nennen. Aber am besten nennen wir sie einfach *spirituell*. Meiner Ansicht
nach könnte diese Methode bei vielen Menschen Erfolg
haben, wenn auch manchmal weitere Schritte erforder-
lich sind. Trotz ihrer negativen Erfahrungen konnte Ellen
auch auf die Erfahrung von Freude zurückgreifen. Sobald
sie sich ihre positiven Erinnerungen und Wünsche vor
Augen geführt hatte, wurden sie zu mächtigen Antriebs-
federn für ihre Gesundung. Was wäre aber geschehen,
wenn Ellen mich nur verständnislos angeschaut hätte, als
ich sie fragte, woran sie vor ihrer Drogensucht wirklich
Freude gehabt hatte?

Viele Menschen mußten in ihrem Leben die positiven
Erfahrungen entbehren, die Ellen zu ihrer Heilung nutzen konnte. Oder diese Erfahrungen sind so vollständig
verschüttet, daß sie sich von ein paar schönen Nachmitta-
gen im Sonnenschein nicht wiederbeleben lassen. Bevor
man sich von dem Sinnenkitzel der Suchterfahrung lösen
kann, muß man die Erfahrung wirklicher Freude machen.
Und der erste Schritt auf dem Weg dahin ist einfach
Selbsterkenntnis. Einer der wichtigsten Grundsätze des
Ayurveda besteht darin, die absolute Einzigartigkeit jedes
Menschen anzuerkennen. Gleichzeitig bietet er uns Kategorien für Geist und Körper, die uns auf sehr praktische

Weise unsere individuellen Bedürfnisse und Merkmale verstehen lassen.

Im nächsten Kapitel haben Sie die Möglichkeit, Ihren eigenen Konstitutionstyp innerhalb des ayurvedischen Systems zu bestimmen, und im weiteren Verlauf werden Sie sehen, wie Sie dieses Wissen dazu benutzen können, geistige, körperliche und spirituelle Gesundheit zu erlangen – mit einem Wort – *Freude.*

4 DREI KRÄFTE GESTALTEN UNSER LEBEN – DIE AYURVEDISCHEN KONSTITUTIONSTYPEN

Die Ursprünge des Ayurveda reichen sehr weit zurück. Das ayurvedische Wissen über die Erhaltung der Gesundheit und die Vorbeugung und Beseitigung von Krankheiten gehört zu den ältesten Heilkünsten der Welt. Es existierte bereits lange vor Hippokrates und anderen Vertretern der alten griechischen Medizin. Vermutlich waren sie sogar durch Gedankengut der indischen Gesundheitslehre beeinflußt, die über die damals bereits gut entwickelten Handelswege aus Asien nach Europa gelangt war. Heute werden wir uns zunehmend der Grenzen einer rein mechanistischen Sichtweise des Körpers bewußt, und die Erkenntnisse des Ayurveda und anderer traditioneller Gesundheitssysteme gewinnen im Westen wiederum an Bedeutung.

Der vielleicht wichtigste Gedanke im Ayurveda ist das Prinzip, daß man den ganzen Menschen kennen muß, bevor man die Erkrankung verstehen und beherrschen kann. Diese Erkenntnis, die den traditionellen Heilern vieler Kulturen vertraut ist, wird in der heutigen Medizin zuweilen vernachlässigt. Die schiere Anzahl der Patienten und das Vertrauen auf die gängigen Arzneimittel lassen die Bedürfnisse des einzelnen oft in den Hintergrund treten. Um den Zustand eines Menschen wirklich zu erfassen, müssen wir neben Größe, Gewicht, Blutdruck und den übrigen physiologischen Daten, auf die sich die moderne Medizin üblicherweise verläßt, auch seine geistige und seelische, ja selbst seine spirituelle Verfassung kennen. Der Ayurveda lehrt sogar, daß es tatsächlich unklug ist, eine scharfe Trennung zwischen Geist und Körper vorzunehmen. Beides sind lediglich Elemente der einzigartigen Ganzheit, die jeder Mensch darstellt. Im Zusammenhang mit der Sucht kommt der engen Verbindung von Geist und Körper eine besondere Bedeutung zu: In dem Gedanken an eine Handlung oder dem Verlangen danach liegt nämlich der eigentliche Kern des Problems. Die Vorstellung von einer starren Trennung zwischen seelischer Verfassung und körperlicher Krankheit ist bei der Behandlung von Abhängigkeitsverhalten praktisch nutzlos.

Im Lauf der Jahrhunderte hat der Ayurveda ein äußerst präzises System von Begriffen entwickelt, um die Vernetzungen zwischen Geist und Körper zu benennen und um zu beschreiben, in welcher Form diese Verbindungen in einem Menschen zum Ausdruck kommen. Im Ayurveda ist Bewußtsein verantwortlich für Ursprung, Form und Ordnung des Universums, das sich in fünf Elementen manifestiert: Raum, Luft, Feuer, Wasser und Erde. Im Geist-Körper-System des Menschen verfeinern sich diese fünf Elemente zu drei grundlegenden Kräften, die der Ayurveda *Doshas* nennt. Die *Doshas*, die *Vata*, *Pitta* und *Kapha* heißen, sind Ausdruck der Energie und der Gesetze des Universums in der menschlichen Natur und unserem Leben.

Jedes dieser drei *Doshas* hat einen speziellen Einfluß auf die körperlichen Vorgänge:

Das *Vata-Dosha* ist das Bewegungsprinzip: Es regelt den Kreislauf, den Transport der Nahrung durch den Verdauungstrakt und auch den Fluß von Gedanken und Gefühlen. *Vata* leitet sich aus den Elementen Raum und Luft her. Ebenso wie der Wind ist es unberechenbar und stets in Bewegung.

Das *Pitta-Dosha* ist mit dem Element Feuer verwandt und wird oft mit Hitze in Verbindung gebracht. *Pitta* sorgt durch den Verdauungsvorgang sowohl für die Umwandlung von Nahrung in Energie als auch für den Stoffwechsel von Luft und Wasser.

Das *Kapha-Dosha* steht im Geist-Körper-System für den Zusammenhalt und die Stabilität der Strukturen. Es leitet sich aus den Elementen Erde und Wasser her und wird als das »schwerste« *Dosha* bezeichnet. *Kapha* ist notwendig für die Bildung von Muskeln, Knochen und Sehnen. Auch für die dem Körper auf feinster Ebene Stabilität gebenden Zellwände ist *Kapha* verantwortlich.

Nach dem Ayurveda wird das individuelle Geist-Körper-System eines Menschen durch das ihm eigene Verhältnis von *Vata*, *Pitta* und *Kapha* geprägt. Entscheidend dabei ist, wie weit unser gegenwärtiger Zustand von dem »idealen« Gleichgewicht der *Doshas* abweicht, mit dem wir ausgestattet wurden, als wir auf die Welt kamen. Wenn bei der Geburt eines Menschen *Vata* dominierte, spricht der Ayurveda von einem *Vata*-Typ. In seinen geistigen und körperlichen Merkmalen drücken sich am deutlichsten die Eigenschaften von *Vata* aus. Herrschten ursprünglich *Pitta* oder *Kapha* vor, sind es diese Kräfte, die den stärksten Einfluß ausüben. Durch Streß oder Krankheiten können die *Doshas* jedoch im Lauf des Lebens aus dem Lot geraten, so daß eines der ursprünglich untergeordneten Elemente überhand nimmt. Auch das vorherrschende *Dosha* kann seine Balance verlieren. Ein aus dem Gleichgewicht geratener *Vata*-Typ zum Beispiel weist ebenso häufig ein übermäßiges *Vata* auf wie zuviel *Pitta* oder *Kapha*.

Natürlich müssen alle drei *Doshas* bis in die kleinste Zelle hinein im Körper vorhanden sein. Da sich das Verhältnis der drei Kräfte zueinander jedoch ununterbro-

chen verändert, ist eine genaue Bestimmung des Konstitutionstyps und eventuell vorhandener Ungleichgewichte
relativ schwierig. Diese Zuordnung sollte daher am besten von einem ayurvedisch ausgebildeten Arzt vorge-
nommen werden. Erste Hinweise auf das bei Ihnen dominante *Dosha* gibt Ihnen der folgende Fragebogen. Die
daraus gewonnenen Informationen können Ihnen helfen,
ein Abhängigkeitsverhalten sowie die der Abhängigkeit
zugrundeliegenden Bedürfnisse und Schwächen zu erkennen. Bevor Sie weiterlesen, sollten Sie sich die Zeit
nehmen, den Fragebogen auszufüllen und auszuwerten.

FRAGEBOGEN ZUR BESTIMMUNG IHRES KONSTITUTIONSTYPS

Der folgende Fragebogen gliedert sich in drei Abschnitte. Lesen Sie sich zunächst die zwanzig Fragen durch, die sich auf das *Vata-Dosha* beziehen, und kreuzen Sie je nach dem Grad Ihrer Zustimmung einen der Werte zwischen 0 und 6 an:

0 = trifft bei mir nicht zu
3 = trifft bei mir manchmal zu
6 = trifft fast immer zu

Notieren Sie am Ende des ersten Abschnitts Ihr Gesamtergebnis für *Vata*. Haben Sie zum Beispiel bei der ersten Frage die 6 angekreuzt, bei der zweiten die 3 und bei der dritten die 2, dann ist Ihr Gesamtergebnis bis zu dieser Stelle 6+3+2 = 11. Wenn Sie die Ergebnisse des gesamten Abschnitts auf diese Weise zusammenzählen, erhalten Sie Ihren *Vata*-Gesamtwert. Gehen Sie dann zu den jeweils zwanzig Fragen der Rubriken *Pitta* und *Kapha* über.

Am Schluß haben Sie dann drei Gesamtwerte für die einzelnen *Doshas*. Vergleichen Sie die Zahlen miteinander. Das *Dosha* mit der höchsten Punktzahl herrscht bei Ihnen vor.

Bei der Beurteilung der körperlichen Kennzeichen werden Sie wahrscheinlich ohne Probleme eine zutreffende Bewertung eintragen können. Bei geistigen Merkmalen und Verhaltensweisen, die man natürlich subjektiver sieht, sollten Sie eine Antwort ankreuzen, die am ehesten dem Gefühl oder dem Verhalten während Ihres bisherigen Lebens oder doch zumindest während der letzten Jahre entspricht.

Vata-Typ	Trifft nicht zu		Trifft gelegent- lich zu		Trifft meist zu	

1 Ich handle sehr schnell.   o 1 2 3 4 5 6

2 Ich kann schlecht auswendig lernen und es auch schlecht auf lange Zeit behalten.   o 1 2 3 4 5 6

3 Ich bin von Natur aus lebhaft und begeisterungsfähig.   o 1 2 3 4 5 6

4 Ich habe einen leichten Körperbau und nehme schwer zu.   o 1 2 3 4 5 6

5 Ich kann Neues schnell aufnehmen.   o 1 2 3 4 5 6

6 Ich habe einen raschen und leichten Gang.   o 1 2 3 4 5 6

7 Ich kann mich schwer entscheiden.   o 1 2 3 4 5 6

8 Ich neige zu Blähungen oder zur Verstopfung.   o 1 2 3 4 5 6

9 Ich bekomme leicht kalte Hände und Füße.   o 1 2 3 4 5 6

10 Ich bin häufig besorgt und ängstlich.   o 1 2 3 4 5 6

11 Ich ertrage kaltes Wetter weniger gut als andere Menschen.   o 1 2 3 4 5 6

12 Ich spreche schnell und gelte bei meinen Freunden als redselig.   o 1 2 3 4 5 6

13 Meine Stimmungen wechseln schnell, und ich reagiere gefühlsbetont.   o 1 2 3 4 5 6

Vata-Typ	Trifft nicht zu		Trifft gelegent- lich zu		Trifft meist zu	

14 Ich schlafe oft schlecht ein und wache nachts häufig auf.	o	1	2 3	4	5	6
15 Ich neige zu trockener Haut, besonders im Winter.	o	1	2 3	4	5	6
16 Ich bin geistig sehr rege, gelegentlich rastlos, aber auch sehr ideenreich.	o	1	2 3	4	5	6
17 Meine Bewegungen sind rasch und lebhaft; meine Energie kommt in plötzlichen Schüben.	o	1	2 3	4	5	6
18 Ich bin leicht erregbar.	o	1	2 3	4	5	6
19 Ich neige zu unregelmäßigen Eß- und Schlafgewohnheiten.	o	1	2 3	4	5	6
20 Ich lerne schnell, aber ich vergesse auch schnell.	o	1	2 3	4	5	6

Vata-Gesamtwert:

Pitta-Typ	Trifft nicht zu		Trifft gelegent- lich zu		Trifft meist zu	

1 Ich halte mich für sehr tüchtig.	o	1	2 3	4	5	6
2 Ich bin extrem genau und ordentlich.	o	1	2 3	4	5	6
3 Ich habe einen starken Willen und kann mich gut durchsetzen.	o	1	2 3	4	5	6
4 Bei heißem Wetter fühle ich mich eher als andere Menschen unwohl oder müde.	o	1	2 3	4	5	6

Pitta-Typ	Trifft nicht zu		Trifft gelegentlich zu			Trifft meist zu

5 Ich schwitze leicht.   0   1   2   3   4   5   6

6 Auch wenn ich es nicht   0   1   2   3   4   5   6
immer zeige, bin ich schnell
gereizt oder verärgert.

7 Wenn ich eine Mahlzeit über-   0   1   2   3   4   5   6
springe oder sich die Essens-
zeit verzögert, fühle ich mich
unwohl.

8 Mein Haar weist mindestens   0   1   2   3   4   5   6
eines der folgenden Merkmale
auf: frühzeitig grau, Haaraus-
fall; dünn, seidig, glatt;
(rot)blond oder sandfarben.

9 Ich habe einen guten Appetit   0   1   2   3   4   5   6
und kann große Mengen essen.

10 Manche Leute halten mich   0   1   2   3   4   5   6
für stur.

11 Ich habe eine regelmäßige   0   1   2   3   4   5   6
Verdauung; ich neige eher zu
Durchfall als zu Verstopfung.

12 Ich verliere leicht die Geduld.   0   1   2   3   4   5   6

13 Ich neige zum Perfektionis-   0   1   2   3   4   5   6
mus.

14 Ich brause zwar schnell auf,   0   1   2   3   4   5   6
vergesse aber ebenso rasch
wieder.

15 Ich liebe kalte Speisen wie   0   1   2   3   4   5   6
Eis und mag eiskalte Getränke.

16 Ich empfinde die Temperatur   0   1   2   3   4   5   6
in einem Raum eher als zu
warm.

Pitta-Typ	Trifft nicht zu		Trifft gelegent- lich zu				Trifft meist zu
17 Ich vertrage keine scharf gewürzten oder heißen Speisen.	0	1	2	3	4	5	6
18 Ich bin nicht so tolerant, wie ich sein sollte.	0	1	2	3	4	5	6
19 Ich genieße Heraus- forderungen und verfolge hartnäckig meine Ziele.	0	1	2	3	4	5	6
20 Ich bin mir selbst und anderen gegenüber kritisch eingestellt.	0	1	2	3	4	5	6

Pitta-Gesamtwert:

Kapha-Typ	Trifft nicht zu		Trifft gelegent- lich zu				Trifft meist zu
1 Ich handele gewöhn- lich langsam und ohne Hektik.	0	1	2	3	4	5	6
2 Ich nehme leichter zu und schwerer ab als andere.	0	1	2	3	4	5	6
3 Ich bin von Natur aus ruhig und gesetzt; ich gerate selten aus der Fassung.	0	1	2	3	4	5	6
4 Ich kann Mahlzeiten problemlos auslassen.	0	1	2	3	4	5	6
5 Ich neige zu Verschlei- mung, Trägheit, chronischer Verstopfung, Asthma oder Nebenhöhlenentzündung.	0	1	2	3	4	5	6

Kapha-Typ

	Trifft nicht zu	Trifft gelegentlich zu	Trifft meist zu
6 Ich brauche mindestens acht Stunden Schlaf, um mich am folgenden Tag wohl zu fühlen.	0 1 2	3 4	5 6
7 Ich habe einen tiefen Schlaf.	0 1 2	3 4	5 6
8 Ich rege mich selten auf.	0 1 2	3 4	5 6
9 Ich lerne langsamer als andere, habe aber auf lange Zeit hin ein ausgezeichnetes Gedächtnis.	0 1 2	3 4	5 6
10 Ich neige zur Körperfülle.	0 1 2	3 4	5 6
11 Kaltes und feuchtes Wetter ist mir zuwider.	0 1 2	3 4	5 6
12 Meine Haare sind dicht, dunkel und gewellt.	0 1 2	3 4	5 6
13 Ich habe eine weiche, glatte und blasse Haut.	0 1 2	3 4	5 6
14 Ich habe einen kräftigen Körperbau.	0 1 2	3 4	5 6
15 Ich bin von Natur aus heiter, sanftmütig, liebevoll und nicht nachtragend.	0 1 2	3 4	5 6
16 Meine Verdauung ist träge, und ich fühle mich nach dem Essen schläfrig.	0 1 2	3 4	5 6
17 Ich habe eine gute Ausdauer und Widerstandskraft; mein Energiepegel ist ausgeglichen.	0 1 2	3 4	5 6
18 Ich gehe langsam und gemessen.	0 1 2	3 4	5 6

Kapha-Typ	Trifft nicht zu		Trifft gelegent- lich zu			Trifft meist zu
19 Ich neige zur Langschläferei und komme morgens nur langsam in Gang.	o 1	2	3	4	5	6
20 Ich esse mit Bedacht und gehe auch sonst langsam und methodisch vor.	o 1	2	3	4	5	6

Kapha-Gesamtwert:

Gesamtwerte: Vata _____ Pitta _____ Kapha _____

Auswertung

Nachdem Sie die jeweiligen Gesamtwerte ermittelt haben, können Sie nun Ihren persönlichen Konstitutionstyp bestimmen. Es gibt zwar nur drei *Doshas*, aber bedenken Sie, daß der Ayurveda sie in zehn verschiedenen Kombinationen zusammenstellt, woraus sich zehn verschiedene Konstitutionstypen ergeben.

• Wenn ein Einzelergebnis deutlich höher ausfällt als die anderen, dürfte bei Ihnen eine einfache *Dosha*-Dominanz vorliegen:

Vata
Pitta
Kapha

Sie sind eindeutig ein Mensch mit einfacher *Dosha*-Dominanz, wenn Ihr höchstes Zwischenergebnis doppelt so hoch ist wie das nächstliegende (zum Beispiel *Vata* = 90, *Pitta* = 45, *Kapha* = 35). Bei einfacher *Dosha*-Dominanz sind die jeweiligen Merkmale von *Vata*, *Pitta* oder *Kapha* sehr stark ausgeprägt. Das *Dosha* mit dem zweithöchsten Wert kann sich in Ihren natürlichen Tendenzen zwar ebenfalls bemerkbar machen, aber es wird wesentlich weniger auffällig sein.

• Wenn kein dominierendes *Dosha* vorliegt, sind Sie ein Konstitutionstyp mit doppelter *Dosha*-Dominanz:

Vata-Pitta	oder	*Pitta-Vata*
Pitta-Kapha	oder	*Kapha-Pitta*
Vata-Kapha	oder	*Kapha-Vata*

Bei Menschen mit doppelter *Dosha*-Dominanz sind die Merkmale der beiden führenden *Doshas* besonders ausgeprägt. Das *Dosha* mit dem höchsten Punktergebnis ist bei Ihnen zwar vorherrschend, aber beide *Doshas* sind von Belang.

Die meisten von uns haben eine doppelte *Dosha*-Dominanz. Bei diesem Typ könnten die Zwischenergebnisse wie folgt aussehen: *Vata* = 80; *Pitta* = 90; *Kapha* = 20. Mit einem solchen Ergebnis hätten Sie sich als *Pitta-Vata*-Typ einzustufen.

• Wenn bei Ihnen drei nahezu gleiche Zwischenergebnisse zu verzeichnen sind, dürften Sie ein Drei-*Dosha*-Typ sein:

Vata – Pitta – Kapha

Dieser Typus gilt als der seltenste. Gehen Sie Ihre Antworten noch einmal durch, oder lassen Sie Ihre Antworten von einem Freund überprüfen, um festzustellen, ob Ihre Konstitution von einem oder doch von zwei *Doshas* dominiert wird.

WAS FÜR EIN MENSCH SIND SIE?

Den eigenen Konstitutionstyp zu erkennen, gilt im Ayurveda als der erste und wichtigste Schritt auf dem Weg zu wahrer Gesundheit. Das spielt beim Abhängigkeitsverhalten eine besondere Rolle. Obwohl alle drei *Doshas* vorhanden sein müssen, um das Leben aufrechtzuerhalten, sind sie selten alle gleich stark ausgeprägt. Ob bei Ihnen *Vata*, *Pitta* oder *Kapha* vorherrscht, ist deshalb ganz wesentlich, weil Sie daraus erkennen können, in welchen Bereichen Sie bei körperlicher oder seelischer Belastung besonders anfällig sind. Zudem können Sie dann auch feststellen, durch welche Veränderungen in Ihrer Lebensweise sich das geistige, seelische und körperliche Gleichgewicht am besten wiederherstellen läßt.

Der Vata-Typ

Ebenso wie der Wind ist auch *Vata* immer in Bewegung, immer unruhig, immer wechselhaft. *Vata*-Typen sind wesentlich weniger festgelegt als *Pitta*- oder *Kapha*-Menschen. Ihr Verhalten läßt sich schwer vorhersagen. Bei *Vata*-Typen kommen geistige und körperliche Energien in plötzlichen Schüben, die genauso schnell wieder vergehen. *Vatas* sind in jeder Hinsicht unbeständig, ob es sich um ihre Art zu gehen, das Essen oder die Entscheidung handelt, wann sie zu Bett gehen. Diese Wechselhaftigkeit findet sich auch in ihrer Verdauung, den Stimmungs- und Gefühlslagen und ihrem allgemeinen Gesundheitszustand. *Vatas* sind beispielsweise besonders anfällig für leichtere Erkrankungen wie Erkältungen und Grippe.

MERKMALE DES VATA-TYPS

Leichter, zarter Körperbau
Handelt rasch
Unregelmäßiger Appetit und unregelmäßige
    Verdauung
Hat einen leichten, unterbrochenen Schlaf,
    neigt zu Schlaflosigkeit
Ist begeisterungsfähig, lebendig und ideenreich
Ist leicht erregbar, hat Stimmungsumschwünge
Lernt schnell und vergißt auch schnell
Neigt zu Besorgnis
Neigt zu Verstopfung
Ermüdet schnell, überanstrengt sich öfter
Geistige und körperliche Energie kommt in Schüben

Typische Verhaltensweisen von *Vata*-Menschen sind:

Zu jeder Tages- und Nachtzeit hungrig sein
Trubel und ständigen Wechsel lieben
Jeden Abend zu einer anderen Zeit zu Bett gehen
Mahlzeiten zu überspringen und ganz allgemein
    unregelmäßig leben
An einem Tag eine gute Verdauung, am anderen
    eine schlechte haben
Mit raschem Schritt gehen
Kurzlebige und schnell wieder vergessene Gefühls-
    ausbrüche haben

Der Pitta-Typ

Wie bei einer glühendheißen Flamme ist Intensität das
Leitmotiv des *Pitta*-Typs. Auf diese Verwandtschaft ver-
weisen auch die körperlichen Merkmale von *Pitta*-Men-
schen, die häufig rote Haare und eine rosige Gesichts-
farbe haben. *Pittas* sind von Natur aus ehrgeizig, oft auch
gehetzt. Sie sind schonungslos offen, kühn im Ausdruck
und neigen zum Widerspruch. Ausgeglichene *Pitta*-Men-
schen sind warmherzig, sie strahlen Liebe und Zufriedenheit aus. Nur wenn Streß, ungeeignete Ernährung oder
andere Einflüsse sie aus dem Gleichgewicht gebracht haben, kommt die aggressive, übermäßig kritische Seite der
Pitta-Menschen zum Vorschein.

MERKMALE DES PITTA-TYPS

Mittlerer Körperbau
Mittlere Stärke und Ausdauer
Starker Hunger und Durst, gute Verdauung
Rosige Haut, oft mit Sommersprossen
Verträgt schlecht Sonne und Hitze
Unternehmungslustiger Charakter, hat einen
    scharfen Verstand, liebt Herausforderungen
Präzise, deutliche Ausdrucksweise
Kann keine Mahlzeit überspringen
Blondes, hellbraunes, rotes oder rötliches Haar

Typische Verhaltensweisen von *Pitta*-Menschen sind:

Einen Bärenhunger haben, wenn sich das Essen
    um eine halbe Stunde verzögert
Nach der Uhr leben, Zeitverschwendung hassen
Nachts verschwitzt und durstig aufwachen

Die Führung in einer Situation übernehmen oder
sich dazu berufen fühlen
Einen festen, zielstrebigen Gang haben
Erkennen, daß man auf andere manchmal zu an-
spruchsvoll oder kritisch wirkt

Der Kapha-Typ

Kapha ist das ruhigste, stabilste *Dosha*, das nicht so leicht
aus dem Gleichgewicht gerät wie *Vata* oder *Pitta*. *Kapha*
verleiht dem Körper Struktur und Ausdauer, und diese
Merkmale zeigen sich im kräftigen Körperbau vieler *Kapha*-Menschen. Von Natur aus sind *Kaphas* heiter und optimistisch. Sie regen sich nicht so schnell auf und möchten gern alle Meinungen hören, bevor sie einen eigenen
Standpunkt beziehen. Geraten sie jedoch aus dem
Gleichgewicht, werden *Kaphas* leicht lethargisch und un-
entschlossen. Sport und eine Ernährung, die ihrer Neigung zu Übergewicht keinen Vorschub leistet, tun ihnen
gut. Trotz dieser Schwächen gelten *Kaphas* im Ayurveda
als vom Schicksal begünstigt: Sie sind von Natur aus liebevoll und rücksichtsvoll, und ihre angeborene körperliche
Stärke schützt sie vor allen Krankheiten.

MERKMALE DES KAPHA-TYPS

Starker, kräftiger Körperbau, große Körperkraft
und Ausdauer
Gleichmäßige Energie; gemessene und anmutige
Bewegungen
Ruhige, gelassene Persönlichkeit; gerät nur langsam
in Zorn
Kühle, glatte, kräftige, blasse und oftmals fettige
Haut

Langsame Auffassungsgabe, aber gutes Erinnerungs-
vermögen
Tiefer, langer Schlaf
Hang zur Körperfülle
Gemächliche Verdauung, mäßiger Appetit
Warmherzigkeit, Toleranz, Nachsichtigkeit
Hang zum Besitzergreifen und zur Selbstzufriedenheit

Typische Verhaltensweisen von *Kapha*-Menschen sind:

Sich Entscheidungen lange durch den Kopf gehen
zu lassen
Langsam aufzuwachen, noch lange im Bett liegen-
zubleiben, dann erst einen Kaffee zu trinken
Mit dem gegenwärtigen Zustand zufrieden zu sein;
zu versuchen, ihn durch Interessenausgleich zu
erhalten
Die Gefühle anderer Menschen zu respektieren
und ein echtes Verständnis dafür aufzubringen
Trost im Essen zu suchen
Anmutige Bewegungen und glänzende Augen zu
haben
Selbst bei Übergewicht noch geschmeidig zu gehen

In Teil II »Wie wir die Abhängigkeit erleben« werden wir
einige der häufigsten Abhängigkeitskrankheiten erörtern
und dabei unser besonderes Augenmerk auf die Beziehung zwischen bestimmten Abhängigkeiten und den *Doshas* richten. Ein unausgeglichenes *Vata* zum Beispiel
führt zu impulsivem Handeln und nervlicher Instabilität.
Deshalb ist es besonders wichtig, dieses *Dosha* auszuglei-
chen, wenn man die Abhängigkeit beherrschen will. Ein
gestörtes *Pitta* ist Grundlage für ein übertriebenes Bedürfnis, alles unter Kontrolle zu haben, wie wir es bei vie-

len Abhängigkeitskranken sehen. Sie sagen: »Ich kann jederzeit wieder aufhören«, oder »Ich kann so viel trinken,
wie ich will, es macht mir nichts aus«. Und sie glauben
auch daran. *Kapha*-Typen wiederum vertragen häufig eine
größere Menge an schädlichen Substanzen als andere
Menschen. Diese Tatsache macht es in Verbindung mit
ihrem natürlichen Hang zur Trägheit und ihrer geringen
Bereitschaft zur Veränderung zuweilen schwierig, *Kapha*-
Typen zu behandeln.

Ich empfehle Ihnen sehr, alle Kapitel des zweiten Teils
zu lesen, auch wenn Sie selbst von dem jeweiligen Abhängigkeitsverhalten nicht betroffen sind. Wenn Sie etwas
über eine Abhängigkeit erfahren, die sich von Ihrer eigenen unterscheidet, so verändert das unter Umständen
Ihre Perspektive. Sie verstehen dadurch vielleicht auch
Nicht-Abhängige besser – Freunde, Familienangehörige
und Arbeitskollegen –, die mit dem vielschichtigen psychologischen Erscheinungsbild der Abhängigkeit umgehen müssen, obwohl es außerhalb ihres eigenen Erfah-
rungsspektrums liegt.

In Teil III »Wege in die Unabhängigkeit« werde ich Ihnen besondere Maßnahmen vorstellen, mit denen man
ein gestörtes *Vata-Dosha*, die Wurzel aller Abhängigkeitskrankheiten, beruhigen läßt. Ist das erst einmal erreicht,
kommt der Mensch in seiner Ganzheit wieder ins Gleichgewicht. Dann endlich hält wahre Freude in Ihrem Leben
Einzug, die ein Abhängigkeitsverhalten von vornherein
ausschließt.

Die Informationen in diesem Buch können Ihnen zwar
nachhaltig helfen, sie sind jedoch keineswegs als Ersatz
für ärztliche Hilfe bei möglicherweise ernsthaften Gesundheitsproblemen gedacht. Abhängigkeitserkrankun-
gen sind das Ergebnis einer Verbindung verschiedener
Faktoren, die den Menschen selbst, die Umwelt und die

Gesellschaft betreffen. Ich möchte Sie ermutigen, die Verantwortung für Ihre Gesundheit selbst in die Hand zu nehmen. Vergessen Sie bitte aber nicht, daß es auch Einflüsse gibt, die sich Ihrer Kontrolle entziehen oder derer Sie sich gar nicht bewußt sind. Suchen Sie also auf jeden Fall einen Arzt auf, bevor Sie mit einer neuen Ernährungsweise oder Übungsprogrammen beginnen, die im dritten Teil beschrieben sind. Dies ist um so wichtiger, falls Sie sich aufgrund eines langfristigen Abhängigkeitsverhaltens momentan eventuell in einem geschwächten Zustand befinden.

TEIL II

WIE WIR DIE ABHÄNGIGKEIT ERLEBEN

1 ALKOHOL

Wie schon seit den Anfängen der Menschheitsgeschichte dient der Alkohol in Form von Bier, Wein oder hochprozentigen Spirituosen auch in der heutigen Gesellschaft vielfältigen Zwecken. In der katholischen Messe, im jüdischen Gottesdienst zum Passahfest sowie in den Kulthandlungen vieler anderer religiöser Glaubensrichtungen hat Alkohol eine zeremonielle, ja sakrale Funktion. Besonders in der westlichen Welt feiert man einen freudigen Anlaß mit Champagner, und unzählige Werbespots im Fernsehen erinnern uns daran, daß Bier im Überfluß gleichbedeutend ist mit großem Spaß für alle. Das ist das Ergebnis einer langen Tradition. Ein Historiker schrieb einmal über den Stellenwert des Alkohols im gesellschaftlichen Leben Englands im 17. Jahrhundert, daß »das Trinken ein unverzichtbarer Teil des sozialen Lebens war. Bei fast allen öffentlichen und privaten Feiern, jedem Handel unter Kaufleuten, jeder Handwerkerzeremonie, jedem privaten traurigen oder freudigen Anlaß war Alkohol beteiligt.«

Neben dieser zentralen Rolle des Alkohols gibt es aber auch eine lange Tradition seiner Ablehnung. In den USA kam diese Haltung besonders in der Zeit der Prohibition, während der ein staatliches Verbot der Alkoholherstellung und -ausgabe herrschte, in den zwanziger und frühen dreißiger Jahren zum Ausdruck. Vor etwa einhundertfünfzig Jahren erreichte der Alkoholverbrauch einen

Höchstwert, und er ist seitdem auch ohne Prohibition in der amerikanischen Gesamtbevölkerung im Laufe der Jahre allgemein gesunken. Im Jahre 1830 betrug der geschätzte Verbrauch an reinem Alkohol pro Kopf 26,88 Liter jährlich, während es 1989 nur noch 9,32 Liter waren.

Aber selbst die Zahl von 1989 bedeutet umgerechnet 576 Dosen Bier für jeden Amerikaner. Den Weltrekord im Biertrinken hält jedoch die Bundesrepublik mit 145 Litern pro Person. Den größten Teil davon konsumiert allerdings eine relativ kleine Gruppe: Einer Untersuchung zufolge entfallen fünfzig Prozent aller alkoholischen Getränke auf nur zehn Prozent aller Konsumenten. Diese zehn Prozent umfassen die Gruppe der Alkoholiker und Alkoholabhängigen, an die sich dieses Kapitel vornehmlich wendet.

DIE ANGENEHMEN SEITEN

Wie ich bereits im Zusammenhang mit meiner jungen Patientin Ellen und ihrer Drogenabhängigkeit angesprochen habe, halte ich es für außerordentlich wichtig, die angenehmen Aspekte der Suchtstoffe ebenso zu berücksichtigen wie ihre zerstörerischen Folgen. Der Genuß von Alkohol hat unbestreitbar schöne Seiten; es gibt sogar Berichte über gesundheitsfördernde Wirkungen. Doch sobald aus dem »Gebrauch« ein »Mißbrauch« wird, wiegen die Gefahren schwerer, wie im folgenden sicher deutlich wird.

Wie kam es überhaupt dazu, daß die Menschen anfingen, Alkohol zu trinken? Nach Meinung einiger Historiker haben unsere Vorfahren in der Frühzeit möglicherweise Tiere beobachtet, die gegorene Früchte fraßen und anschließend ein merkwürdiges Verhalten an den Tag legten. Ein paar besonders Abenteuerlustige müssen daraufhin beschlossen haben, genau herausfinden, weshalb der Hirsch so umhertorkelte. Und dann dauerte es vermutlich nicht mehr lange, bis die Leute anfingen, alkoholische Getränke – als hochentwickelte Fertigkeit oder gar als Kunst – herzustellen.

Jahrtausendelang waren alkoholische Getränke und die dazugehörigen Herstellungsweisen Teil der menschlichen Kultur. Vor kurzem wurde im Iran ein uraltes Gefäß mit Alkoholresten entdeckt – schon vor siebentausend Jahren wurde demnach in Vorderasien Wein hergestellt. Es gibt nur zwei universelle Erfindungen, die allen Kulturen gemeinsam sind, schreibt ein Historiker. Die erste ist die Entwicklung von Brot oder Teigwaren, die zweite ist die »Entdeckung und der Gebrauch der natürlichen Gärung«. Auch in der Bibel wird Wein erwähnt, im positiven wie im negativen Sinne. Der griechische Geschichtsschreiber Herodotos berichtet, die Herrscher des persischen Reichs hätten eine wichtige Entscheidung erst gefällt, nachdem sie die Sache sowohl nüchtern als auch betrunken erörtert hatten. Und einer der schönsten und wichtigsten Dialoge Platons über die Liebe mit dem Titel »Symposion« (wörtlich: Trinkgelage) beschreibt die unbeschwerte Unterhaltung bei einem Trinkgelage. Auch bei Shakespeare wird das Trinken häufig erwähnt, ebenso wie es in den Werken unzähliger anderer Schriftsteller und Künstler einen hervorragenden Platz einnimmt – von seiner Bedeutung in ihrem eigenen Leben ganz zu schweigen.

Neben dem geschichtlichen Stellenwert des Alkohols ist das Trinken die Grundlage gesellschaftlicher Strukturen, die auch heute noch eine große Rolle spielen. In vielen Fernsehserien wird die Kneipe an der Ecke als eine Art Paradies dargestellt: ein gemütlicher Ort, wo sich langjährige Bekannte treffen, miteinander reden. Die Kneipe bleibt oft der einzige Schauplatz der Serie, denn ein Szenenwechsel würde die Grundidee der Serie ad absurdum führen. Die Kneipe präsentiert sich als Refugium, als Zufluchtsort, wie es auch der Titel einer Kurzgeschichte von Ernest Hemingway über ein spanisches Café nahelegt: »Ein sauberes, gutbeleuchtetes Café«.

Solche Treffpunkte für gesellschaftlich akzeptierten Alkoholkonsum können den Menschen ohne Zweifel angenehme Gefühle vermitteln, und jede Erfahrung echter Zufriedenheit und Entspannung hat auch positive Auswirkungen auf den Körper. Außerdem hat sich sowohl die medizinische als auch die allgemeine Meinung über den Alkohol gewandelt, seit in Untersuchungen festgestellt wurde, daß mäßiger Alkoholgenuß eventuell das Risiko eines Herzinfarkts vermindert. Man hat diese Wirkung auf eine veränderte Zusammensetzung des Blutes zurückgeführt – sie könnte jedoch genausogut darauf beruhen, daß das Streßniveau sinkt.

Seit vorgeschichtlichen Zeiten hatte der Alkohol für den Menschen ganz unterschiedliche, aber immer bedeutende Funktionen. Einerseits wurde er bei Opferhandlungen und religiösen Zeremonien benutzt, um mit den Göttern Verbindung aufzunehmen. Andererseits trug der Alkohol dazu bei, die Menschen kontaktfähiger und offener im Umgang miteinander zu machen. In dieser zweifachen – sakralen und profanen – Rolle könnte man Alkohol mit dem Feuer als einem der Strukturprinzipien des Lebens vergleichen. Und ebenso wie das Feuer gerät Alkohol leicht außer Kontrolle.

DIE GEFAHREN

Alkoholika lassen sich als Getränke, aber auch als Drogen definieren. Mit 2,5 Millionen Menschen bilden die Alkoholabhängigen in Deutschland die weitaus größte Gruppe innerhalb der Drogenproblematik. Darüber hinaus zeigen Studien, das ein nicht geringer Prozentsatz der Gesamtbevölkerung irgendwann einmal im Leben die Kriterien für die Diagnose Alkoholabhängigkeit oder Alkoholkrankheit erfüllt.

Für den einzelnen wie für die Gesellschaft ergeben sich aus diesen Zahlen bedenkliche Konsequenzen. Bestimmte Krebsformen stehen beispielsweise mit starkem Alkoholkonsum in Verbindung, auch fünfundsiebzig Prozent aller Todesfälle durch Speiseröhrenkrebs sind darauf zurückzuführen. Leberkrebs ist eine häufige Komplikation der zerstörerischen Wirkung von übermäßigem Alkoholgenuß. Infolge lang andauernder, erheblicher Trunksucht treten auch Schädigungen der Bauchspeicheldrüse, des Magens und des Dünndarms sowie der geistigen Funktionen auf. Eine ausführliche Aufzählung der körperlichen Schäden durch Alkohol könnte viele Seiten füllen, ebenso wie eine Bilanz der Behandlungskosten.

Doch die Gefahren des Alkohols beschränken sich nicht auf seine biochemischen Wirkungen. Obwohl in den letzten Jahren auf diesem Gebiet Fortschritte erzielt worden sind, besteht bekanntlich weiterhin ein deutlicher Zusammenhang zwischen Alkoholkonsum und Verkehrsunfällen: Etwa die Hälfte aller tödlichen Verkehrsunfälle gehen immer noch auf das Konto des Alkohols. Auch sechzig Prozent aller tödlichen Bootsunfälle sind alkoholbedingt. Etwa dreißigtausend Menschen sterben schätzungsweise jedes Jahr nach Unfällen verschiedener Art, die nicht verkehrsbedingt sind. Wichtig ist, daß sich diese

Unfallziffern nicht nur auf schwer betrunkene Opfer beziehen – praktisch jeder Alkoholkonsum steigert die Gefahr von Unfallverletzungen beträchtlich.

Auch auf einem etwas weniger düsteren Niveau sind
die Probleme, die durch Alkoholmißbrauch entstehen,
von großer Bedeutung. Trinken ist beispielsweise häufig
die Ursache für Schlaflosigkeit. Auch Übergewicht kann
mit Alkohol in Verbindung stehen, ebenso eine Form von
Magersucht bei schwer Alkoholkranken, von denen einige
fast nichts essen und ihren täglichen Kalorienbedarf ausschließlich durch Alkohol decken. Auch der »Kater« kann
sehr unangenehm sein, und trotz der vielen Hausmittel-
chen dagegen sind die genauen biologischen Abläufe des
Katers noch nicht aufgeklärt.

Um es noch einmal zu betonen: Das ist nur ein kurzer
Blick auf die Höllenqualen, die den Alkoholabhängigen
erwarten. Es ist jedoch wichtig, den Alkoholmißbrauch
und die begrifflichen Unterschiede zwischen einer Alkoholabhängigkeit und einer echten Alkoholkrankheit genauer zu untersuchen.

VON DER ALKOHOLABHÄNGIGKEIT ZUR
ALKOHOLKRANKHEIT

Als ayurvedischem Arzt fällt es mir schwer zu glauben,
daß es zwischen der körperlichen, geistigen, seelischen
und spirituellen Seite der menschlichen Natur eine klare
Trennungslinie gibt. Da sich alle Gedanken und Gefühle
auch körperlich in der gesamten Physiologie niederschla-
gen, sind Geist und Körper offensichtlich eine Einheit.
Vielleicht läßt sich gleichwohl eine brauchbare Unter-
scheidung zwischen Alkoholabhängigkeit und Alkoholkrankheit treffen, indem man die vornehmlich seelischen

von den genau umschriebenen körperlichen Auswirkungen trennt. Darüber hinaus läßt sich der Begriff der Alkoholkrankheit von der Alkoholabhängigkeit dadurch unterscheiden, daß bei der erstgenannten gravierende, genau definierte negative Elemente im Leben des Alkoholikers auftreten: Störungen des Berufslebens, Konflikte mit dem Gesetz, finanzielle Schwierigkeiten sowie häufig mit Handgreiflichkeiten verbundene Familienprobleme. Alkoholabhängigkeit wiederum ist ein weniger genau abgegrenzter Begriff, wo das Trinken die Freiheit und Lebensfreude *irgendwie* behindert oder beeinträchtigt, wenn vielleicht auch nur geringfügig.

Ich war einmal mit einem Freund auf Reisen, der Wein zum Essen trank, wie Millionen anderer Leute auf der Welt auch. Als wir versehentlich in ein Restaurant gerieten, das keine Ausschankerlaubnis hatte, wurde mir klar, daß mein Freund nicht nur einfach Wein zum Essen trank, sondern daß er es nicht ohne Wein genießen konnte. Als sich herausstellte, daß es in dem Lokal keinen Wein gab, kam das Essen dort nicht mehr in Frage, weil das meinem Freund wirkliche Qualen auferlegt hätte. »Ich kann ohne Wein einfach nichts essen«, sagte er entschuldigend, als wir uns nach einem anderen Restaurant umsahen. Er hatte zu bestimmten Tageszeiten ein unwiderstehliches, starkes Verlangen nach Alkohol. Gab es zu den Mahlzeiten keinen Alkohol, fühlte mein Freund sich sehr unwohl und mußte etwas dagegen unternehmen. Anders als ein echter Alkoholiker wurde er bei Entzug nicht körperlich krank. Auch seine äußeren Lebensumstände wurden davon nicht merklich beeinflußt. Der Alkohol spielte zwar nur eine geringe und ganz spezielle Rolle in seinem Leben, aber nach meinem Verständnis war er doch abhängig.

Im Gegensatz zur Abhängigkeit kann der voll entwickelte Alkoholismus – also die Alkoholkrankheit – ge-

nauer definiert werden. Sie läßt sich anhand einer Reihe
gut dokumentierter Merkmale erkennen:

- *Der Alkohol rückt an erste Stelle.* Das Trinken steht im
  Mittelpunkt des Tagesablaufs. Wichtige Tätigkeiten
  werden zeitlich verschoben oder ganz aufgegeben, um
  das Trinken zu erleichtern, ungeachtet der dadurch
  entstehenden Schwierigkeiten. In ähnlicher Weise gibt
  es für den Alkoholiker bestimmte Zeiten, zu denen er
  einfach trinken muß, und er richtet alles andere so ein,
  daß dies möglich wird.
- *Man »verträgt« immer mehr Alkohol.* Die Alkohol-
  toleranz steigt, das bedeutet, daß der Alkoholkranke
  immer größere Alkoholmengen braucht, um die gewünschte Wirkung zu erzielen, weil diese bei fortgesetzter Einnahme derselben Dosis ausbleibt.
- *Entzugssymptome zeigen sich.* Mit dem Steigen der Al-
  koholtoleranz verstärken sich auch die unangenehmen
  oder sogar schmerzhaften Beschwerden des Alkoholentzugs: Zittern, Schlaflosigkeit, Unruhe, Angstzustände und Verwirrtheit. Daraus entwickelt sich
  schließlich ein Teufelskreis, denn der Wunsch nach
  Vermeidung der Entzugssymptome führt zu immer
  höherem Alkoholkonsum. Der Alkoholiker trinkt mehr,
  um die Folgen der Abstinenz zu vermeiden, aber das
  verschlimmert nur die Konsequenzen.
- *Der Suchtdruck wächst.* Häufig tritt ein überwältigen-
  des Verlangen oder Bedürfnis nach Alkohol auf, insbesondere wenn der Alkoholiker versucht, weniger zu
  trinken. Selbst wenn er ein Glas in der Hand hält, spürt
  er eventuell bereits das Verlangen nach einem weiteren
  alkoholischen Getränk. In einer Bar oder einer Kneipe
  bestellt er vielleicht sogar ein zweites Getränk noch
  bevor er das erste ausgetrunken hat.

- *Innere Konflikte treten auf.* Wenn das Trinken zunimmt und außer Kontrolle gerät, hat der Alkoholiker zeitweise den Wunsch nach Abstinenz. Es gelingt ihm vielleicht sogar vorübergehend, sobald er jedoch scheitert, fällt er wieder zurück in die vertrauten, eingefahrenen Verhaltensmuster.
- *Äußere Probleme mehren sich.* Fast immer entstehen im Leben eines Alkoholikers Schwierigkeiten am Arbeitsplatz, im Freundeskreis und in der Familie und nicht zuletzt mit der Polizei. Um solche Probleme zu vermeiden, trinkt er vielleicht heimlich und versteckt die Flaschen zu Hause oder am Arbeitsplatz.

Es verwundert daher nicht, daß die Alkoholabhängigkeit häufig in eine voll entwickelte Alkoholkrankheit mündet. Der Forscher E. M. Jellinek hat diese fortschreitende Entwicklung ausführlich in einer Vorlesungsreihe an der Yale University beschrieben. Seine Berichte stützten sich auf Fragebogen von mehr als zweitausend Alkoholikern. Sie bilden die Grundlage für das »Krankheitsmodell« des Alkoholismus, das augenblicklich der einflußreichste Ansatz bei der Behandlung dieses Problems ist. Aufgrund seiner Untersuchungen konnte Jellinek spezielle, vorhersagbare Phasen der »Alkoholkrankheit« feststellen, obwohl zwischen den einzelnen Stufen viele Monate oder sogar Jahre liegen können. Jellinek betrachtet den Alkoholismus als eine chronische, systemische, degenerative Erkrankung, vergleichbar mit Syphilis oder Multipler Sklerose. Er berücksichtigt, daß bestimmte Alkoholbenutzer über das Stadium des »Gewohnheitstrinkers« niemals hinauskommen, das der Alkoholabhängigkeit ähnelt. Seiner Ansicht nach durchläuft der Alkoholismus vier markante Phasen.

DAS KRANKHEITSBILD

Erste Phase

Der Alkoholkonsument spürt beim Trinken eine deutliche
Verringerung von Streß und Spannung. In einem Zeit-
raum von sechs Monaten bis zu zwei Jahren fängt der
zukünftige Alkoholkranke an, fast täglich zu trinken, um
die gewünschte Erleichterung zu erleben. Er oder sie hat
typischerweise eine überdurchschnittlich hohe Alkohol-
toleranz.

Zweite Phase

Sobald plötzlich Gedächtnislücken und Erinnerungsver-
luste auftreten, ist die zweite Phase der Alkoholkrankheit
erreicht. Die Bewußtseinsausfälle betreffen meist das
mittelfristige Gedächtnis, wie zum Beispiel Handlungen
oder Gespräche, die sich während des Alkoholtrinkens
am Vortag abgespielt haben. Die Erinnerung an Ereignisse vor und nach dem Ausfall bleiben davon unberührt.
In dieser Phase erkennt der Alkoholkranke, daß sein
Trinkverhalten eine neue Stufe erreicht hat. Allmählich
stellen sich Anspannung oder Schuldgefühle ein. Der
Alkoholkonsum findet nun eher heimlich statt.

Dritte Phase

In Jellineks ursprünglichem Konzept ist dies die kritische
Phase. Der Trinker wechselt vom mehr oder weniger kon-
trollierten Alkoholkonsum zu einem unkontrollierten Verhalten über. Jetzt reagiert der Alkoholkranke auf Anspannung unmittelbar und reflexartig mit Trinken; er

verursacht oder schafft sich vielleicht sogar Anlässe zum Trinken. Häufig beginnt der Alkoholkranke den Tag mit einem »Starterschluck« und betrinkt sich im Laufe des Abends heftig. Diese Phase dauert meistens mehrere Jahre, in denen der Alkoholkranke sogar seinen Arbeitsplatz behalten und gesellschaftlich funktionsfähig bleiben kann, obwohl seine zwischenmenschlichen Beziehungen dadurch schwer belastet werden.

Vierte Phase

Dieses Stadium bezeichnet Jellinek als die chronische Phase der Alkoholkrankheit, in der fast durchgehend ein Rauschzustand besteht. Daraus ergeben sich erhebliche körperliche und geistige Schädigungen, Probleme im zwischenmenschlichen Bereich und am Arbeitsplatz sowie mit der Polizei. Selbst eine kurze Abstinenz hat unangenehme und beängstigende Symptome zur Folge, und der Alkoholkranke versucht, sie durch Alkoholkonsum zu vermeiden. Die Toleranzgrenze sinkt abrupt, so daß schon geringe Alkoholmengen nun zum Rauschzustand führen.

Während der vierten Phase in Jellineks Krankheitsmodell machen etwa sechzig Prozent der Alkoholkranken eine Erfahrung, die weitreichende Auswirkungen auf die erfolgreiche Behandlung ihrer Krankheit hat. Wenn diese Menschen den Tiefpunkt erreichen und völlig verzweifelt sind, erfahren sie ganz unerwartet eine neue spirituelle Bewußtheit. Sie rufen eine höhere Macht um Hilfe an, die sie aus den Tiefen befreien soll, in die sie herabgesunken sind. Ein kleiner Teil der Alkoholkranken erfährt sogar einen dramatischen Moment der Offenbarung, der einer religiösen Bekehrung vergleichbar ist und in dem sie erkennen, daß sie sich in den Händen einer höheren

Schicksalsmacht befinden. Mit anderen Worten, sie erfahren eine Art Ekstase.

Dieses transzendente Phänomen ist ebenso gut belegt wie die übrigen Phasen der Alkoholkrankheit. Vielleicht könnte man sogar die Krankheit selbst als irregeleiteten Versuch beschreiben, einen solchen Punkt zu erreichen – ein Abstieg in die Hölle, die der Vision des Himmels vorausgehen muß. In diesem Zusammenhang ist es sicher nützlich, sich das erste Kapitel ins Gedächtnis zu rufen, wo wir den Süchtigen als irregeleiteten Sucher gesehen haben. In einem Brief des Psychologen C. G. Jung wird ausdrücklich eine Parallele zwischen der Sucht und der Hölle gezogen:

»Ich bin davon überzeugt, daß das in der Welt dominierende Prinzip des Bösen zur Vernichtung der unerkannten spirituellen Bedürfnisse führt, falls sie kein Gegengewicht finden durch echte religiöse Einsicht oder durch die Schutzmauer der menschlichen Gemeinschaft. Ein gewöhnlicher Mensch, der durch kein Eingreifen von oben beschützt wird und in der Gesellschaft isoliert dasteht, vermag der Kraft des Bösen nicht zu widerstehen, die passenderweise der Teufel genannt wird. (...) Auf Latein heißt Alkohol ›spiritus‹, das gleiche Wort für die höchste religiöse Erfahrung wie auch das schlimmste Gift.«

Wenn das Wortspiel nicht zu weit hergeholt erscheint, könnte man sagen, daß für viele Menschen die »Befreiung durch Spirituosen« letztendlich zu einer spirituellen Befreiung vom Alkoholismus führt. In seinem Buch »Die Vielfalt der religiösen Erfahrung« schreibt der Philosoph William James, daß wahre Heilung von übermäßiger Trunksucht in leidenschaftlicher Religion zu finden sei.

Ich bin versucht, noch einen Schritt weiter zu gehen und zu sagen, die *einzige* Heilung jeglicher Sucht liegt in der Entdeckung einer intensiv empfundenen inneren Spiritualität. Auf dieser spirituellen Basis kann der Süchtige auf dem Wege der Besserung die praktischen und für eine echte Wandlung notwendigen Veränderungen in seinem Leben vornehmen.

DIE SPIRITUELLE LÖSUNG

Ein kurzer Blick auf einige der vielen Therapiemöglichkeiten der Alkoholkrankeit verdeutlicht vielleicht, weshalb ich von dem spirituellen Behandlungsansatz so überzeugt bin. Der absolute Gegensatz zu dieser Methode ist zum Beispiel der Einsatz von Medikamenten, die dem Alkohol entgegenwirken (Alkoholantagonisten), von denen Antabus das gebräuchlichste ist. Antabus hemmt die Fähigkeit des Körpers, Alkohol normal zu verstoffwechseln, so daß unmittelbar nach dem Alkoholgenuß größere Mengen an Giftstoffen gebildet werden. Es führt sehr rasch zu starker Übelkeit, Kopfschmerzen, einem plötzlichen Blutdruckabfall und intensiver Todesangst. Im Sinne der Verhaltenspsychologie sorgt das Mittel umgehend für einen starken, negativen Rückkoppelungseffekt – anders gesagt, eine Bestrafung. Antabus kann sogar tödlich wirken, und dieses Wissen sollte den Alkoholiker vom Trinken abhalten.

Bei bestimmten Menschen ist die durch Antabus verursachte Angst die richtige Behandlungsmethode. Die Verweildauer des Medikaments im Körper beträgt bis zu zweiundsiebzig Stunden nach der letzten Dosis. Selbst wenn also die Einnahme schon einige Tage zurückliegt, wird ein Alkoholiker es sich gut überlegen, ob er eine Flasche öffnen will. Der eigentliche Impuls zu trinken bleibt davon jedoch unberührt, und auch die Erinnerung an die innere Vollkommenheit wurde nicht geweckt. Die chemische Behandlungsmethode der Schmerzen, die ein Alkoholkranker erleidet, droht ihm einfach mit noch größeren Schmerzen, wenn er in seinem Kampf gegen den Alkohol unterliegt.

Schmerzen anderer Art sind Teil vieler Konfrontationsmethoden bei der Behandlung der Alkoholabhängigkeit. Hier informieren ein Therapeut und/oder andere Suchterfahrene den Patienten in aggressiver Form über die Schäden, die das Trinken hervorruft und über die Selbsttäuschung, der sich der Alkoholiker in seinem Denken und Handeln hingibt. Elemente dieses Ansatzes kommen in den Entzugsprogrammen vieler stationärer Therapien für Alkoholkranke zum Tragen, in gewissem Maße auch bei den Anonymen Alkoholikern. Ebenso wie bei Antabus kann die Konfrontation auch hier von Nutzen sein. Aus der Sicht des Ayurveda würden *Pitta*-Typen vielleicht darauf ansprechen, denn sie behaupten gern, Herr der Lage zu sein, gleichgültig, wie sehr sie ihnen bereits entglitten ist. Die Erfahrung der Konfrontation kann jedoch eine bereits gestörte *Pitta*-Konstitution noch mehr irritieren und so eher Schlechtes als Gutes bewirken. Letztlich kann Konfrontation die Abwehr eines Abhängigen ebensogut verstärken wie verringern, und Studien haben gezeigt, daß eine stärkere Konfrontation auch auf größeren Widerstand stößt.

Eine unterstützende, auf Einsicht beruhende Therapie wird großenteils nicht nur bei Substanzenmißbrauch sondern auch bei seelischen Problemen angewandt. Sie basiert auf dem Gedanken, daß ein innerer Konflikt des Alkoholkranken Ursache seines Trinkens ist und daß sich dieser Konflikt zunehmend löst, wenn er besser verstanden wird. Der Alkoholmißbrauch wird also zum Merkmal eines seelischen Problems des Alkoholabhängigen. Das ist richtig – aber nur zum Teil. Wie Arnold Ludwig in seinem Buch »Understanding the Alcoholic's Mind« (Das Denken des Alkoholkranken verstehen) zeigt, hat auch die auf Einsicht beruhende Therapie ihre Grenzen, ob sie nun als Einzel- oder als Gruppentherapie durchgeführt wird.

Um diese Grenzen zu verdeutlichen, benutzt Ludwig den Begriff »zustandsbedingtes Lernen«. Er bezieht sich dabei auf die Tatsache, daß sich eine Erkenntnis oder auch die Erfahrung einer großen inneren Offenbarung in der Praxis wahrscheinlich nicht immer in allen Lebenssituationen umsetzen läßt. Dies gilt um so mehr für eine stark suchtgeprägte Gewohnheit wie den Alkoholismus, der den Alltag eines Menschen – mit Ausnahme der Therapiesitzungen – weitgehend beherrscht.

Wenn eine Gruppe Alkoholkranker in Gesellschaft eines ausgebildeten Therapeuten um einen Tisch sitzt, ergeben sich vielleicht tiefgreifende Erkenntnisse über frühere und gegenwärtige Einflüsse auf das eigene Verhalten. Es entsteht eine selbstkritische Stimmung, in der die Teilnehmer offen für Verstehen und Veränderung sind. Dieses Umfeld ist jedoch physisch und emotional einzigartig, es unterscheidet sich stark von einer Bar, einem Restaurant oder der eigenen Wohnung, wo Müdigkeit oder Streß als Auslöser für den Zwang zum Trinken wirken. Hat der Alkoholkranke erst einmal angefangen zu trinken, ist er vielleicht ein ganz anderer Mensch als in der Therapiesitzung. Unter Umständen ist er unfähig, sich an die Sitzung zu erinnern, ebenso wie er sich später eventuell nicht mehr daran erinnern kann, was er während des Trinkens gesagt oder getan hat. Ein solcher Erinnerungsverlust kann sogar zwischen verschiedenen Rauschzuständen auftreten. In seinem Buch schlägt Ludwig ironisch vor, auf Einsicht gründende Therapiesitzung zu veranstalten, während die Patienten sich betrinken. Das ist zwar kein ernstgemeinter Vorschlag, zeigt aber drastisch, wie schwierig es für Alkoholkranke ist, die in der Therapie gewonnenen Erkenntnisse auf ein anderes Umfeld zu übertragen.

Die Macht des Alkohols, eine Wesensveränderung bei dem Abhängigen zu bewirken, wird im Therapieansatz der Anonymen Alkoholiker (AA) direkt angesprochen. Diese Gemeinschaft stellt sicherlich eine der wirkungsvollsten Waffen dar, die je im Kampf gegen den Alkoholismus entwickelt wurden. Die AA unterstreichen die Notwendigkeit, das erste Glas zu vermeiden, und empfehlen damit dem Alkoholiker dringend zu verhindern, daß der Alkohol seine zerstörerische Wirkung überhaupt erst entfalten kann. Das ist notwendig, denn für einen Abhängigkeitskranken sind die zerstörerischen Wirkungen ein Leben lang gegenwärtig – er ist immer ein Alkoholiker und anfällig für Rückfälle, unabhängig davon, ob überhaupt Alkohol konsumiert wird. Wie der erste der berühmten »Zwölf Schritte« der AA deutlich macht, muß der Abhängigkeitskranke verstehen, daß er dem Alkohol gegenüber *machtlos* ist – und wenn er erst einmal ein Glas getrunken hat, ist ein langjähriges Mitglied der AA nicht nüchterner als ein Trinker, der noch nie etwas von der Gemeinschaft gehört hat.

Über die Anonymen Alkoholiker sind viele Bücher geschrieben worden, darunter wissenschaftliche Abhandlungen und persönliche Bekenntnisse. Ich empfehle jedem Betroffenen, sich durch Lektüre oder durch Teilnahme an einem öffentlichen Treffen einer AA-Gruppe über diese Organisation zu informieren. Ohne zu sehr in die Einzelheiten zu gehen, möchte ich an dieser Stelle für unsere Belange die meines Erachtens positiven Seiten der AA wie auch ihre Mängel aufzeigen.

Eine große Stärke der Anonymen Alkoholiker und anderer, von ihnen beeinflußter »Zwölf-Schritte-Programme« besteht in der Anerkennung einer höheren spirituellen Macht, die es zur Lösung des Alkoholproblems anzurufen gilt. Zudem erlaubt der rein freiwillige Charakter der Organisation – es gibt keine hierarchische Struktur oder Autorität – dem Abhängigkeitskranken, die volle Verantwortung für seine Genesung zu übernehmen.

Der meiner Ansicht nach bemerkenswerteste Aspekt der AA ist, daß nur der erste der »Zwölf Schritte« den Begriff Alkohol überhaupt erwähnt. Das hat zwei wichtige Folgen: Zum einen wird dadurch klar, daß es bei der Alkoholkrankheit nicht nur darum geht, was im Glas ist, sondern auch um das, was sich im Kopf und im Herzen abspielt. Des weiteren bietet diese Tatsache dem Alkoholiker während der Therapie die Möglichkeit, das Trinken nicht nur als Heimsuchung, sondern als Chance zu verstehen, als erste Sprosse auf einer Leiter der Selbstverwirklichung, die ihn zu echter spiritueller Erfüllung führen kann. Die »Zwölf Schritte« der Anonymen Alkoholiker sind nicht nur ein Programm mit dem Zweck, nüchtern zu bleiben. Wer sie befolgt, kann ein bemerkenswerter Mensch in allen Lebensbereichen werden.

So sehr ich auch diese Aspekte der AA bewundere, fühle ich mich doch etwas unbehaglich angesichts der auf der Angst beruhenden Elemente in ihrem Genesungsprogramm. Sicher haben zahlreiche Alkoholkranke Mechanismen der Selbsttäuschung entwickelt, die es aufzubrechen gilt, aber mit der Betonung der Machtlosigkeit des Alkoholabhängigen habe ich Schwierigkeiten. Während der Alkoholiker auf dem schmalen Grat zwischen dem bösen Alkohol auf der einen Seite und der rettenden Gnade einer höheren spirituellen Macht auf der anderen wandelt, bleibt das eigentliche innere Wesen des Abhän-

gigen unbekannt und vielleicht sogar irrelevant. Er ist
ganz einfach das, was er tut – und er selbst kann an einem
Tag nie ganz sicher sein, was er am nächsten Tag tun wird.
Wie die bekannteste Maxime der AA es formuliert: »Ein
Tag nach dem anderen.«

Aus ayurvedischer Sicht ist das Wesen der menschlichen Natur nicht so unbestimmt. In der Kindheit waren
unsere Herzen voller Lachen, und wir konnten uns an allem freuen. Dieses glückliche Kind ist immer noch in uns
vorhanden, in jeder unserer Zellen, und der natürliche
Impuls, glücklich und gesund zu sein, ist immer gegenwärtig. Wir sind seelisch oder spirituell nicht neutral, und
unsere Bereitschaft, uns selbst zu schaden, ist nicht genauso groß wie unsere Bereitschaft, uns zu nutzen. Wir
streben hin zu dem, was gut für uns ist, und weg von dem,
was schlecht für uns ist. Deshalb ist es nicht wirklich
nötig, jeden Augenblick den Gefahren des Alkohols oder
anderen Gefahren gegenüber wachsam zu sein. Diese
Gefahren und Versuchungen lösen sich in nichts auf, sobald wir die wahren Freuden des Lebens wieder genießen
können.

DIE BEDEUTUNG
IHRES KONSTITUTIONSTYPS

Vata

Ein über längere Zeit anhaltendes Abhängigkeitsverhalten hat stets ein schweres *Vata*-Ungleichgewicht zur
Folge, das sich unter der Belastung des Alkoholentzugs
sogar noch verstärken kann. *Vata*-ausgleichende Entspan-
nungstechniken sollten bei der Behandlung von Alkoholabhängigkeit an erster Stelle stehen, selbst wenn *Vata*

normalerweise nicht das dominante *Dosha* ist. Wenn Sie zwei oder mehr der unten aufgeführten Fragen mit Ja beantworten, leiden Sie wahrscheinlich im Zusammenhang mit dem Alkoholismus unter einem *Vata*-Ungleichgewicht.

1. Sind Ihre Gedanken oft ruhelos und zerstreut, und trinken Sie Alkohol, um ruhiger und konzentrierter zu werden?
2. Leiden Sie häufig unter Schlaflosigkeit, und trinken Sie Alkohol, um einzuschlafen?
3. Zittern die Hände oder der Kopf zuweilen unkontrollierbar?
4. Haben Sie jemals festgestellt, daß Ihr Appetit schwindet, wenn Sie lieber Alkohol trinken würden statt etwas zu essen?
5. Haben Sie plötzliche Erinnerungs- oder Konzentrationsverluste bemerkt?
6. Sind Sie manchmal gleichgültig dem Leben im allgemeinen gegenüber, und ist Ihnen dann alles egal?
7. Sind Sie leicht schreckhaft oder ängstlich, und trinken Sie, um sich zu beruhigen?
8. Erscheint Ihnen selbst eine vertraute Umgebung manchmal fern und unwirklich, besonders wenn Sie trinken?
9. Sind Sie je während oder nach dem Alkoholgenuß in Ohnmacht gefallen?
10. Hatten Sie jemals Sinnestäuschungen oder Halluzinationen während oder nach dem Alkoholgenuß?

Pitta

In seinem kompetenten Buch »Ayurvedic Healing/Ayurvedische Naturmedizin in Indien« betont David Frawley,

daß Alkohol für den Körper eine plötzliche und oft übermäßige Hitzezufuhr bedeutet. Dies erhöht *Pitta* und kann
entzündliche Erkrankungen der Leber und anderer Teile
des Verdauungssystems hervorrufen, besonders bei Menschen mit einer *Pitta*-Dominanz.

Solche Menschen zeigen häufig ein für sie typisches
Verhalten dem Alkohol gegenüber. Diese willensstarken
Charaktere wehren sich oft heftig gegen Veränderungen.
Selbst stark alkoholabhängige *Pittas* leugnen meist, daß es
überhaupt ein Problem gibt. Sie leugnen es nicht nur anderen, sondern auch sich selbst gegenüber. Wenn Ihre
Ergebnisse des Geist-Körper-Fragebogens zeigen, daß
Pitta Ihr dominantes *Dosha* ist, und wenn Sie vermuten,
daß Sie manchmal im Übermaß trinken, lesen Sie die
nachstehenden zehn Fragen. Wenn Sie auf zwei oder
mehr Fragen mit Ja antworten, ist das ein deutliches Anzeichen dafür, daß Sie ein alkoholabhängiger *Pitta*-Typ
sind.

1. Warten Sie bis zu einem bestimmten Zeitpunkt am
   Tag, bis Sie mit dem Trinken beginnen, und ist das für
   Sie ein Beweis für Ihre Selbstkontrolle?

2. Freuen Sie sich auf Ihre »Cocktail-Stunde«?

3. Befolgen Sie beim Trinken bestimmte Rituale, indem
   Sie bestimmte Zutaten, Mischungen, Arten von Glä-
   sern oder ähnliches verlangen?

4. Sind Sie zuweilen für ein paar Tage oder Wochen ab-
   stinent, um zu beweisen, daß Sie es können?

5. Haben Sie beim Trinken manchmal das Gefühl, daß
   Sie gegen andere Trinker – oder gegen den Alkohol selbst – antreten, um zu zeigen, wieviel Sie vertragen?

6. Verachten Sie Leute, die betrunken oder beschwipst
   sind?

7. Verbinden Sie Alkohol manchmal mit Sport, das heißt trinken Sie zum Beispiel beim Tennis, Squash oder Golfspielen?

8. Wenn Sie mit anderen zusammen trinken, passen Sie dann genau auf, wer bezahlt und wann Sie an der Reihe sind, eine Runde auszugeben?

9. Werden Sie ärgerlich und streitsüchtig, wenn Sie trinken?

10. Haben Sie das Gefühl, Ihr Leben ist ein Kampf, und das Trinken ist eine Erleichterung oder Belohnung für Sie?

Kapha

Ernährungswissenschaftlich gesehen, ist Alkohol eine Form von Zucker. In vielen Fällen könnte Alkoholismus eine Form der Zuckerabhängigkeit sein. Am häufigsten sieht man diese Form bei *Kapha*-Typen, die oft eine angeborene Vorliebe für jede Art von Zucker haben. *Kaphas* sind besonders anfällig für den Jo-Jo-Effekt, den wir beim Verzehr von großen Zuckermengen spüren, sei es in Form von Alkohol, Süßigkeiten oder in anderer Form. Nach einem kurzen Stimmungshoch stellt sich um so stärker ein Tief ein: ein körperliches Schwächegefühl, Lethargie oder eine Depression. Da *Kaphas* von Natur aus für Depressionen anfällig sind, sehen wir diese Reihenfolge sehr deutlich bei unausgeglichenen *Kapha*-Typen. Ein stark alkoholabhängiger *Kapha*-Typ leidet sehr wahrscheinlich unter erheblichen Depressionen, schläft übermäßig viel, ist übergewichtig, trinkt gern allein und neigt sogar zu Selbstmordgedanken.

Wenn Sie zwei oder mehr der folgenden Fragen mit »Ja« beantworten, ist das ein deutlicher Hinweis darauf, daß Sie ein alkoholabhängiger *Kapha*-Typ sind.

1. Sind Sie stark übergewichtig, und haben Sie bemerkt, daß sich das Übergewicht durch Trinken verstärkt?
2. Trinken Sie oft allein zu Hause?
3. Trinken Sie zuweilen im Bett?
4. Schlafen Sie nach dem Trinken häufig sehr lange?
5. Mögen Sie zuckerhaltige alkoholische Getränke oder Mixgetränke aus Alkohol und Softdrinks?
6. Haben Sie bemerkt, daß Sie von Natur aus mehr trinken können als andere?
7. Fühlen Sie sich beim Trinken anfangs albern und angeheitert?
8. Werden Sie oft traurig oder sentimental, wenn Sie eine Weile getrunken haben?
9. Schwitzen Sie manchmal stark während des Trinkens?
10. Wenn Sie am Abend getrunken haben, bemerken Sie dann am nächsten Morgen häufig ein beengendes Gefühl in der Kehle oder im Brustraum?

Wenn Ihre Antworten auf diese Fragen ein Alkoholproblem erkennen lassen, können die in Teil III (»Wege in die Unabhängigkeit«) aufgeführten Techniken Ihnen helfen, es zu lösen. Ich wiederhole jedoch noch einmal: Wenn Sie vermuten, daß Sie alkoholabhängig sind, sollten Sie sich auf jeden Fall um ärztlichen Rat bemühen.

2 DROGEN

Der Traum von einer Substanz, die die Wirklichkeit verändern kann, ist tief in der menschlichen Vorstellung verwurzelt. In der vedischen Literatur finden sich viele Hinweise auf den mystischen Trank *Soma*, den Nektar der Götter, der jedem, der davon trinkt, Unsterblichkeit verleiht. Die griechische Mythologie schreibt der Speise Ambrosia die gleiche Kraft zu. Im Buch Exodus des Alten Testaments waren die Israeliten vom Hunger bedroht, bis Gott ihnen Manna schickte, das wie Schnee vom Himmel fiel und schmeckte wie Honigkuchen.

Für diejenigen, die mit der Bibel vertraut sind, enthält sie eine Reihe von Gedanken, die Ihnen vielleicht helfen, das Wesen der Abhängigkeit, insbesondere der Abhängigkeit von Drogen, zu verstehen. Zur Drogenabhängigkeit neigen Menschen, deren alltägliches Leben wie eine Wanderung durch die Wüste ist, jeglicher Freude und spiritueller Nahrung beraubt. Wenn diese Menschen etwas finden, das sie in eine gänzlich andere Wirklichkeit zu befördern verspricht, dann nehmen viele dieses Angebot an, weil sich ihnen scheinbar nichts anderes bietet. Wie wir jedoch schon beim Alkohol gesehen haben, liegt eine gewisse Ironie der Abhängigkeit darin, daß das, was als Suche nach einer angenehmen Erfahrung beginnt, schon bald umschlägt in einen ständigen Kampf gegen Schmerzen. Bei einer weit fortgeschrittenen Drogenabhängigkeit sind in der Regel die schwächenden Wirkungen des Ent-

zugs bedrohlicher als die angenehmen Empfindungen eines euphorischen Hochs – und dieses Hochgefühl ist bald
ohnehin kaum mehr erreichbar, weil der Körper sich nach
und nach an das Suchtmittel gewöhnt hat. Schon bald
dient die Drogeneinnahme nur noch dem Zweck, die Entzugssymptome in Schach zu halten, und es wird klar, daß
die Pforten, die das Paradies versprachen, sich am Ende
nur zu einer weiteren Einöde hin geöffnet haben.

Die Sicht der Abhängigkeit als vergebliche, aber verständliche Suche steht im Gegensatz zu einigen Aspekten
der Theorie vom Suchtverhalten als Krankheit, auf die
sich viele Behandlungsprogramme stützen. Diese Theorie unterstreicht die ererbte Veranlagung für die »Ansteckung« mit der Sucht, die sich, sobald sie sich einmal
festgesetzt hat, bei dem Infizierten in ähnlicher Weise
wie jede andere Infektionskrankheit auswirkt. Einige Verfechter dieser Ansicht versichern, daß eine einzige Drogenerfahrung dauerhafte chemische Veränderungen im
Gehirn des Drogenbenutzers hervorruft, die dann ein
ebenso beständiges Verlangen nach mehr Drogen zur
Folge habe. Eine Drogenerfahrung zu machen wäre etwa
so, als würde man von einer Mücke gestochen, die Malaria oder Gelbfieber überträgt. Gleich zu Beginn ist der
Ablauf festgelegt und der Schaden angerichtet.

Aber es gibt auch einige recht klare Unterschiede zwischen einer fortschreitenden Abhängigkeit und einer Infektionskrankheit. Nach dem Mückenstich bedarf es keiner bewußten Beteiligung des Opfers, damit sich die
Infektion ausbreitet. Der Drogenbenutzer hingegen muß
eine ganze Reihe von mehr oder weniger bewußten
Handlungen vornehmen, und er hat an jedem Punkt zumindest physisch die Möglichkeit »auszusteigen«. Der
Abhängige muß einen Lieferanten finden, die Drogen bezahlen und vor dem Drogengebrauch häufig eine Reihe

komplizierter Vorbereitungen treffen. Der Abhängige muß sich auch für etwas entscheiden, das von der Gesellschaft gesetzlich und moralisch ausdrücklich angeprangert wird und die Gefahr schwerer Strafen birgt. Alle diese Schritte verlangen Entscheidungen. Ich möchte darin eine bewußte Wahl sehen, denn das eröffnet die Möglichkeit, sie durch andere Entscheidungen zu ersetzen.

Die freie Entscheidungsmöglichkeit ist meiner Ansicht nach die eigentliche Grundlage der Heilung. Entschlüsse müssen auf jeder Ebene des menschlichen Lebens gefaßt werden, von den bewußten Gedanken, die unser Verhalten in der Welt steuern, bis zu den biochemischen Festlegungen der Millionen von Zellen im Körper. Wie der Psychoanalytiker Thomas Szasz gezeigt hat, haben die Gesellschaften im Lauf der Geschichte viele unterschiedliche Wege gefunden, sogenannte abweichende Verhaltensweisen zu verdammen. Meist wurde eine solche Verurteilung religiös begründet, wenn auch das Durchsetzen orthodoxer religiöser Grundsätze häufig nur ein Vorwand dafür war, die politische Macht und Kontrolle zu behalten. Unsere Wissenschaftsgläubigkeit gibt uns heute andere Begriffe an die Hand, um unsere Mißbilligung auszudrücken: Drogenmißbrauch gilt heutzutage eher als Krankheit und nicht als Gotteslästerung. Meiner Meinung nach darf man das Modell der Abhängigkeit als Krankheit aber nur mit größter Vorsicht benutzen. Vergessen wir nicht, daß die Kraft, sich zu heilen, vom Patienten selbst ausgeht, und nicht von einem bestimmten Arzt, einer Behandlungseinrichtung oder einem Medikament. Es ist die eigentliche Aufgabe des Arztes, die Rahmenbedingungen zu schaffen, unter denen sich die natürlichen Heilkräfte des Patienten entfalten können, Bedingungen also, die es Körper, Geist und Seele des

Patienten ermöglichen, die naturgemäße Entscheidung
zu treffen – für Gesundheit und gegen Krankheit, für
Freude und gegen Schmerz.

Während ich dieses Buch schreibe, startet die Vereinigung »Partnership for a Drug-Free America« (Partner-
schaft für ein drogenfreies Amerika) gerade eine neue
Kampagne gegen den Heroinmißbrauch. Diese gemein-
nützige Vereinigung aus Medien- und Werbefirmen entwickelt und finanziert schon seit einigen Jahren Werbema-
terial gegen den Drogenmißbrauch für die Druckmedien
und das Fernsehen. Den Aussagen von ehemaligen Heroin-
abhängigen über die verheerende Wirkung von Drogen
wird in ironischer Weise das potentiell attraktive Image,
das die Droge in den Augen zukünftiger Benutzer vielleicht hat, gegenübergestellt. Eine derartige Medienkam-
pagne wirft viele Fragen auf. Soweit sie den Drogengebrauch als eine fehlgeleitete Strategie für die Suche nach
Glück oder persönlicher Stärke darstellt, liegt die Kampagne richtig. Wenn sie sich jedoch in erster Linie auf die
verheerenden Auswirkungen der Droge konzentriert, wird
sie wahrscheinlich nicht greifen, genauso wie die Aussicht
auf eine Gefängnisstrafe die wenigsten Verbrecher ab-
schreckt. Die Menschen in unserer Gesellschaft, die
Heroin nehmen, lassen sich nicht durch den Gedanken,
was ihnen vielleicht passieren könnte, davon abhalten. Sie
haben Angst und sind deprimiert über das, was ihnen bereits passiert ist, wenn sie das auch nicht immer so klar erkennen. Es gibt so wenig wahre Freude in ihrem Leben,
daß ihnen die oberflächlichen angenehmen Erfahrungen
durch Heroin und andere Drogen im Vergleich dazu groß
erscheinen. Schon bevor sie das Heroin zum ersten Mal
anrühren, leiden diese Menschen bereits zutiefst. Was sie
brauchen, ist Freude im wahrsten Sinne des Wortes. Den
Schmerz kennen sie schon gut genug.

URSACHEN UND FOLGEN
DER DROGENABHÄNGIGKEIT

Aus ayurvedischer Sicht ist der Mangel an Lebensfreude sowohl die wichtigste Ursache als auch die Hauptfolge der Drogensucht. Darüber hinaus gibt es aber auch bestimmte klar erkennbare Anzeichen für einen gewohnheitsmäßigen Drogengebrauch im Alltag eines Drogenabhängigen. Sie interessieren uns hier aus diagnostischen Gründen und wegen ihrer Aussagekraft über die psychische Verfassung des Süchtigen.

Die Liste der potentiell abhängigkeitserzeugenden Drogen ist lang. Man kann die verschiedenen Substanzen nach ihren biologischen, psychologischen und sozialen Eigenschaften unterscheiden. Kokain in Pulverform zum Beispiel ist in der Regel eine Droge der Mittel- oder Oberklasse. Seine Wirkung unterscheidet sich von »Crack« (Kokain in kristalliner Form), das in kleineren, billigeren Abmessungen verkauft wird und in den ärmeren Bevölkerungsgruppen weiter verbreitet ist. Amphetamine werden sowohl von Fernfahrern auf langen Touren als auch von Studenten häufig benutzt, während Opiate wie Heroin bis zu einem gewissem Maß in allen Teilen der Bevölkerung verwendet werden. Aber trotz der Unterschiede zwischen den Substanzen und den Menschen, die sie benutzen, gibt es auch bestimmte kennzeichnende Merkmale der Abhängigkeit im allgemeinen. Wir werden uns also in diesem Abschnitt nicht mit jeder Droge gesondert oder in pharmakologische Kategorien unterteilt beschäftigen, sondern uns auf die gemeinsamen Kennzeichen des Suchtverhaltens insgesamt konzentrieren.

Wie beim Alkohol, ist auch der Gebrauch von bewußtseinsverändernden oder sogenannten Freizeitdrogen seit Jahrtausenden Teil der menschlichen Kultur – jeder

menschlichen Kultur. Als man kürzlich einige fast siebentausend Jahre alte Tontafeln aus dem Reich der Sumerer
im Mittleren Osten untersuchte, entdeckte man ein Wort
für Opium in Keilschrift. Aus dem Zusammenhang ergibt
sich, daß dieses Wort mit Freude und Lustbarkeit in Verbindung gebracht wurde. Es gibt auch Belege dafür, daß
die schweizerischen Seebewohner, deren Kultur um 2500
v.Chr. bestand, Mohnsamen aßen – die natürliche Quelle
für Opium und Opiumderivate wie Heroin und Morphin.
Indem ich hier Beispiele dafür bringe, daß die Menschen
seit Beginn der schriftlich überlieferten Geschichte Drogen benutzten, bedeutet das nicht, daß ich den Drogengebrauch befürworte. Das Verlangen der menschlichen
Gesellschaft, bestimmte Verhaltensweisen zu verdammen
oder zu verbieten, ist genauso alt wie der Wunsch, Drogen oder Alkohol zu benutzen. Einen der frühesten Belege dafür finden wir in der Bibel, in der Geschichte von
Adam und Eva, die dem Gebot Gottes zuwiderhandelten,
als sie vom Baum der Erkenntnis aßen. Wir können den
Drogengebrauch nicht einfach mit dem Argument verteidigen, daß er für die Menschen »natürlich« sei, denn es ist
ebenso natürlich, bestimmte Handlungen als gut und andere als schlecht zu empfinden. Solche Etiketten wurden
allerdings häufig recht willkürlich vergeben: Was in einem
Jahrhundert als gut galt, verwandelte sich im nächsten in
etwas Schlechtes. Um den Drogengebrauch verständig
und unvoreingenommen zu besprechen, werden wir neben medizinischen und psychologischen Faktoren auch
gesellschaftliche und geschichtliche Aspekte mit einbe-
ziehen müssen.

Kaffee zum Beispiel zählt in der heutigen westlichen
Gesellschaft nicht zu den illegalen Drogen, obwohl starker Kaffeegenuß zu körperlichen und emotionalen Problemen führen kann. Als der Kaffee im 17. Jahrhundert

nach Europa kam, erfreute er sich bald einer solchen Beliebtheit, daß die Behörden seinen Gebrauch einschränken und sogar verbieten wollten. Das erwies sich jedoch als unmöglich. In ganz Europa entwickelten sich die Kaffeehäuser zu beliebten Treffpunkten. Voltaire und andere bedeutende Vertreter der Aufklärung liebten den Kaffeegenuß. Der französische Romanschriftsteller Balzac starb praktisch an seiner Kaffeesucht, die so stark war, daß er seinen Kaffee schließlich als dicke Suppe zu sich nahm. Heute sind Kaffeeabhängigkeit und Kaffeesucht in den USA und Europa weitverbreitet, Kaffeetrinker, denen das Getränk plötzlich verwehrt wird, zeigen deutliche Entzugssymptome. Dennoch betrachten wir Kaffee als Getränk, nicht als Droge. Obwohl viele Menschen, die große Mengen an Schokolade und Zucker zu sich nehmen, Merkmale einer Drogenabhängigkeit zeigen, ordnen wir sie intuitiv einer anderen Gruppe zu als Heroin- und Kokainbenutzer.

Die Tatsache, daß bestimmte Drogen gesetzlich verboten sind, macht sicherlich einen Teil ihrer Anziehungskraft aus. Wer sich für solche Substanzen entscheidet, lehnt die allgemein anerkannten Werte der Gesellschaft ab und schließt sich einer Randgruppe an, deren Leben durch die Abhängigkeit bestimmt ist. Das ist ein ganz entscheidender Punkt in der Psychologie des Drogengebrauchs. Wenn Heroin und Kokain morgen legal wären, was ich nicht befürworte, glaube ich, daß die meisten Abhängigen Gründe dafür fänden, sich die Drogen dennoch illegal zu beschaffen.

Das von der American Psychiatric Association veröffentlichte »Diagnostische und statistische Manual psychischer Störungen DSM-IV« (Diagnostic and Statistical Manual of Mental Disorders, Fourth Edition) führt die Merkmale der Substanzabhängigkeit auf. Bevor wir uns

weiter mit der Abhängigkeit von speziellen Suchtstoffen
befassen, möchte ich Ihnen die einzelnen Kriterien kurz
erläutern. Mindestens drei der folgenden Kriterien recht-
fertigen die psychiatrische Diagnose der Abhängigkeit.

WANN IST MAN ABHÄNGIG?

1. Man gewöhnt sich daran

*»Toleranzentwicklung definiert durch eines der folgenden
Kriterien: (a) Verlangen nach ausgeprägter Dosissteige-
rung, um einen Intoxinationszustand (Rausch) oder er-
wünschten Effekt herbeizuführen, (b) deutlich vermin-
derte Wirkung bei fortgesetzter Einnahme derselben
Dosis« (DSM-IV-Kriterium 1).*

Die Abhängigkeit von Betäubungsmitteln und anderen
verschreibungspflichtigen Medikamenten, wie beispielsweise von stark suchterzeugenden Drogen wie »Crack«
(Kokain), tritt rasch oder sogar sofort ein. Auch die Ge-
wöhnung an die Droge kann sich umgehend bilden. Im
vorigen Jahrhundert wurde Opiumtinktur, auch Laudanum genannt, häufig als Schmerzmittel verwendet. Die
übliche Dosis betrug zwanzig Tropfen in einem Glas
Wasser, zwei- bis dreimal täglich. Der englische Dichter
Samuel Taylor Coleridge verbrauchte jedoch oft mehr als
zwei Liter Laudanum in einer Woche, und Thomas De
Quincey, Verfasser der »Bekenntnisse eines englischen
Opiumessers«, vertrug täglich bis zu achttausend Tropfen
der Droge. Für jemanden, der nicht daran gewöhnt war,
hätte diese Dosis rasch zum Tode geführt.

Die Tatsache, daß sich der Süchtige an die Droge gewöhnt hat und folglich immer größere Mengen benötigt,
führt unausweichlich dazu, daß die Drogeneinnahme zum

Dreh- und Angelpunkt seines Lebens wird. An dieser Stelle wird wiederum deutlich, daß die Suche nach der Droge den Süchtigen von der Gesamtgesellschaft isoliert. Es ist wichtig, darauf hinzuweisen, daß diese Absonderung auf einer tieferliegenden Ebene von dem Abhängigen beabsichtigt ist.

2. Der quälende Mangel und die Angst vor dem Verzicht

»Entzugssymptome, die sich durch eines der folgenden Kriterien äußern: (a) charakteristisches Entzugssyndrom der jeweiligen Substanz, (b) dieselbe (oder eine sehr ähnliche Substanz wird eingenommen, um die Entzugssymptome zu lindern oder zu vermeiden« (DSM-IV-Kriterium 2).

Alle gewohnheitsbildenden Drogen – einschließlich Koffein, Zucker und Schokolade – erzeugen Entzugssymptome, wenn sie abgesetzt werden. Manchmal ist das für den Körper ein regelrechter Schock: Bei einem Alkoholkranken beispielsweise kann ein plötzlicher Entzug Krampfanfälle hervorrufen oder sogar zum Tod führen. In vielen Romanen und Filmen wurde der Heroinentzug (»Cold Turkey«) als quälend und äußerst schmerzhaft dargestellt, und häufig spielt es sich auch so ab. Es gibt jedoch Hinweise darauf, daß das Umfeld, in dem der Entzug stattfindet, und die Erwartungen des Drogenabhängigen die Begleitumstände des Heroinentzugs beeinflussen können. In Therapiegruppen, die die schmerzhaften Aspekte des Entzugs nicht in den Vordergrund stellen, leiden die Abhängigen weniger als in anderen Entgiftungseinrichtungen. In vielen Fällen ähnelt der Heroinentzug einem schweren Atemwegsinfekt.

Obwohl die Entzugssysmptome durch äußere Einflüsse gemildert werden können, dient die Angst des Ab-

hängigen vor einer äußerst schwierigen Erfahrung häufig
als Rechtfertigung dafür, die Droge weiterhin zu benutzen. Auch wenn das Einnehmen der Droge längst keine
angenehmen Empfindungen mehr hervorruft, bleibt die
Angst vor den peinigenden Entzugssymptomen das Motiv
für den fortgesetzten Drogenkonsum.

3. Es muß immer mehr sein

*»Die Substanz wird häufig in größeren Mengen oder län-
ger als beabsichtigt eingenommen« (DSM-IV-Kriterium 3).*

»Ich kann enthaltsam sein, aber nicht maßvoll«, erklärte der englische Schriftsteller Samuel Johnson im 18.
Jahrhundert. Weil er Trunkenheit als moralisch verwerf-
lich ansah, erkor er statt Alkohol Tee zu seinem Lieblings-
getränk und trank häufig an einem Tag bis zu sechzig Tas-
sen. Aber nur wenige »Suchtpersönlichkeiten« haben
einen solchen Einblick in ihren eigenen Kontrollverlust
wie Johnson.

Niemand beginnt mit dem Drogenkonsum in der bewußten Absicht, abhängig zu werden, und viele, die mit
illegalen Drogen »experimentieren«, werden niemals
süchtig. Typisch für den Abhängigen ist es, seine Selbstkontrolle zu überschätzen und die Stärke seiner Abhängigkeit zu unterschätzen. Bis zu dem Punkt, an dem sich
seine Sucht nicht mehr leugnen läßt, wird ein Drogenbenutzer höchstwahrscheinlich immer sagen, abhängig sei
jemand, der mehr Drogen nehme als er.

4. Vergebliche Lösungsversuche

*»Anhaltender Wunsch oder erfolglose Versuche, den Sub-
stanzgebrauch zu verringern oder zu kontrollieren«
(DSM-IV-Kriterium 4).*

Den Kräften der Selbstkontrolle zum Trotz, die sich die Abhängigen besonders im Anfangsstadium des Drogengebrauchs häufig zuschreiben, fühlen sie sich im weiteren Verlauf der Abhängigkeit mehr und mehr in entgegengesetzte Richtungen gezogen. Auf der einen Seite steht die juristische und moralische Verurteilung durch die Gesellschaft. Vielleicht leidet der Abhängige unter dieser Verdammung; möglicherweise löst sie aber auch starken Widerstand und eine Rebellion aus. Anderseits gehört der Abhängige meist zu einer Gruppe von anderen Drogenbenutzern, die ihn dazu ermuntert, weiter Drogen zu nehmen, und deren Freundschaft er verliert, sobald er damit aufhört. Im Lauf eines einzigen Tages bedrängen den Abhängigen Hunderte von Botschaften, die sagen: hin zu der Droge oder weg von ihr. Zur Abhängigkeit gehören deshalb auch viele vergebliche Versuche, sich von der Droge fernzuhalten.

5. Die Droge wird zum Lebensinhalt

»Viel Zeit für Aktivitäten, um die Substanz zu beschaffen (z. B. Besuch verschiedener Ärzte oder Fahrt langer Strecken), sie zu sich zu nehmen (z. B. Kettenrauchen) oder sich von ihren Wirkungen zu erholen« (DSM-IV-Kriterium 5).

Ob man vom Spiel, von Heroin, raffiniertem Zucker oder Kokain abhängig ist – man erlebt es als Achterbahn aus kurzen Phasen der Befriedigung innerhalb eines größeren Zeitraums voller Erwartung und Frustration, bis die Erwartung erfüllt wird. Ist das Suchtmittel jedoch gesetzlich verboten, ist die Situation psychologisch ungleich komplizierter. In illegale Handlungen verstrickt zu sein sondert den einzelnen grundlegend von anderen Menschen ab, für die das nicht zutrifft. Jemand, der von einer illegalen Droge abhängig ist, ordnet jeden anderen Menschen entweder als »Insider« oder »Outsider« ein. Entweder ist es jemand, der ihm bei der Drogenbeschaffung helfen kann, oder jemand, der ihn vielleicht der Polizei meldet. Jeder ist entweder ein Freund oder ein Feind – und natürlich sind die meisten Menschen Feinde. Die Abhängigkeit von einer gesetzlich verbotenen Droge wird also zum Dreh- und Angelpunkt im Leben des Süchtigen; durch diesen Filter sieht er jeden sozialen Kontakt. Dies ist weder eine der biochemischen Folgen der Abhängigkeit noch ein Merkmal der Droge selbst. Es kommt nicht selten vor, daß Patienten während ihrer Behandlung im Krankenhaus eine Morphin- oder Schmerzmittelabhängigkeit entwickeln. Sie erleben sich jedoch nicht als isoliert vom »Rest der Welt« wie der Drogenabhängige, für den die unsozialen und verstohlenen Aspekte der Abhängigkeit ein wesentlicher Teil seiner Erfahrung sind. Ein Forscher drückte es einmal so aus: »Wer nie von einer [illegalen] Substanz abhängig war, kann nur schwer nachvollziehen, welche Bedeutung ein Abhängiger gerade ›seiner‹ Droge beimißt. (...) Für einen Kokainabhängigen ist es nicht ungewöhnlich zuzugeben, daß ihm, falls er sich entscheiden müßte, Kokain wichtiger wäre als seine Freunde, Partner oder selbst seine Familie.«

6. Die Droge als Allheilmittel

»Wichtige soziale, berufliche und Freizeitaktivitäten werden aufgrund des Substanzmißbrauchs aufgegeben oder eingeschränkt« (DSM-IV-Kriterium 6).

»Es ist so wunderbar, daß du es nicht ein einziges Mal ausprobieren solltest!« Diesen Satz, der in Büchern über Drogenmißbrauch häufig zitiert wird, soll ein unbekannter Heroinbenutzer geäußert haben, der damit versuchte, seine erste Drogenerfahrung in Worte zu fassen. Seine paradoxe Formulierung drückt zutreffend die Macht bestimmter Drogen aus, die Aufmerksamkeit des Benutzers zunächst zu erregen und dann vollständig in Anspruch zu nehmen. Der Preis der chemisch herbeigeführten Ekstase ist die wachsende Teilnahmslosigkeit allem anderen gegenüber. An Versuchsratten, die man kokainabhängig gemacht hatte, konnte die Entwicklung experimentell nachgewiesen werden. Zugunsten der Droge ignoriert das süchtige Tier alle anderen Reize einschließlich Wasser, Futter sowie die Paarung mit einer anderen Ratte. Dieses extrem eingeschränkte Interesse ist ein Merkmal der Drogenabhängigkeit und zugleich einer ihrer gefährlichsten Aspekte.

Streß ist schwer zu beschreiben, aber leicht zu erkennen. Zwar handelt es sich dabei nicht um ein genau zu benennendes Gefühl wie Liebe oder Furcht, aber der Streß ist in unserem Leben fast allgegenwärtig, und seine Auswirkungen spüren wir körperlich und seelisch. Meiner Ansicht nach ist dieser andauernde Streß ein einzigartiges Phänomen des modernen Lebens. Etwas ähnliches hat es bis vor kurzem in der Menschheitsgeschichte noch nicht gegeben. Der steinzeitliche Jäger, der versuchte, den Säbelzahntiger mit seinem Speer zu erlegen, hat sicherlich unmittelbare Furcht empfunden. Im Mittelalter sahen sich die von der Pest bedrohten Stadtbewohner in Angst und Schrecken versetzt, und die Bauern im 19. Jahrhunderts müssen sich entsetzlich hilflos gefühlt haben, wenn ihre Ernte durch eine Dürre bedroht wurde – aber diese Gefühle hatten wenigstens eine klare Ursache und eine bewußt wahrgenommene Wirkung. Außerdem lieferte die Religion damals in der einen oder anderen Form stets eine Erklärung für das, was geschah, und sie spendete Trost, um es zu bewältigen. Heute müssen wir uns weniger mit derartigen Schrecken auseinandersetzen, aber es gibt mehr Anspannung im allgemeinen: Ständig spüren wir einen geringen bis mittelstarken Angstpegel im Hintergrund. Für einen Abhängigen kann die Droge ein chemisches Gegenmittel gegen den Streß darstellen, eine alternative Wirklichkeit, deren Schwierigkeiten und Gefahren vielleicht den Anforderungen des täglichen Lebens vorzuziehen sind. Das bedeutet nicht, daß sich jeder Heroin- oder Kokainbenutzer tagelang in eine heruntergekommene Gegend der Stadt zurückzieht. Ganz im Gegenteil, vielleicht schließt er nur kurz die Tür zu seinem Büro. Sobald er sich auf diese Methode der Streßminderung verläßt, entwickelt sie jedoch ein Eigenleben: Was man freiwillig begann, um ein aufmunterndes Gefühlshoch zu erreichen, wächst sich zu einem Zwangsverhalten aus, mit dem man dem quälenden Entzug zu entkommen sucht.

7. Nichts anderes zählt mehr

»Fortgesetzter Substanzgebrauch trotz Kenntnis eines anhaltenden oder wiederkehrenden körperlichen oder psychischen Problems, das wahrscheinlich durch den Substanzmißbrauch verursacht oder verstärkt wurde (z. B. fortgesetzter Kokainmißbrauch trotz des Erkennens kokaininduzierter Depressionen oder trotz des Erkennens, daß sich ein Ulcus durch Alkoholkonsum verschlechtert)« (DSM-IV-Kriterium 7).

Der heute über achtzigjährige Schriftsteller William S. Burroughs ist seit seiner Jugend heroinsüchtig. In seinem Roman »Junky« schreibt er: »Rauschgift ist nicht ein Kick. Es ist ein Lebensstil.« Sowohl Burroughs' Langlebigkeit als auch der Umfang seines schöpferischen Werks sind sicherlich untypisch für gewohnheitsmäßige Drogenbenutzer. Er hat jedoch recht, wenn er den Drogengebrauch als etwas beschreibt, das mehr ist als eine bloße Empfindung, die durch eine Reihe chemischer Reaktionen im Körper ausgelöst wird. Abhängigkeit bedeutet eine umfassende Weltanschauung, und daneben schrumpft alles andere zur Bedeutungslosigkeit. Vielleicht liegt darin auch eine verborgene Absicht des Drogenbenutzers, für den das körperliche Selbst alles ist, was er kennt, alles, was er kennen muß, und alles, was er kennen will. Die psychoanalytische Deutung der Abhängigkeit sucht deren Ursprünge in unerfüllten Bedürfnissen nach Abhängigkeit in den ersten Lebensphasen. In gewissem Sinne fällt der Abhängige tatsächlich zurück in den Zustand eines Kleinkindes, das an der Brust oder der Flasche nuckelt. Nichts anderes zählt, nichts anderes existiert, und die Aussicht, daß die Nahrungsquelle vielleicht versiegen könnte, ist ein unaussprechlicher Schrecken.

DROGEN UND KONSTITUTIONSTYP

Vata

Drogen zu nehmen, ist am Anfang eine Art Handel, bei dem die unmittelbare, kurzfristige Befriedigung eingetauscht wird gegen das Risiko erheblicher, langfristiger körperlicher, seelischer und juristischer Probleme. Ungeduld – in bezug auf stimulierende Gefühle, aufregende Erlebnisse, Anerkennung in der Gruppe anderer Drogenkonsumenten – ist im Frühstadium ein grundlegender Aspekt des Drogengebrauchs. Im weiteren Verlauf der Abhängigkeit nimmt diese Ungeduld häufig einen verzweifelten Charakter an, bevor sie am Ende in völlige Apathie mündet.

Aus ayurvedischer Sicht ist die Ungeduld des Drogenbenutzers das typische Merkmal einer *Vata*-Störung. Wie
wir wissen, ist *Vata* mit dem Luftelement verwandt, und
ebenso wie der Wind wechselt auch dieses *Dosha* stets die
Richtung und Intensität, als sei es unfähig zu Ruhe und
Zufriedenheit. Der Ayurveda benutzt das Sanskritwort
Sattva, das heißt Reinheit, um Bewußtsein in seinem
natürlichen, ruhigen und klaren Zustand zu beschreiben.
Drogen üben einen künstlichen, äußerlichen Einfluß auf
die geistigen Funktionen aus. Je nach Art der Droge
dämpft dieser Einfluß die Sinne oder schärft sie. Letztlich aber zerstört jede Droge das geistige Gleichgewicht
und löst die für ein *Vata*-Ungleichgewicht kennzeichnende Unruhe und Unberechenbarkeit aus. *Vata* ist auch
ein trockenes *Dosha*. Die harntreibende Wirkung vieler
Substanzen trocknet den Körper aus, was die für ein
schwer gestörtes *Vata-Dosha* typischen Beschwerden wie
Verstopfung und Nierenprobleme verschlimmert.

Amphetamine und andere Anregungsmittel beein-
trächtigen das *Vata-Dosha* umgehend und in starkem
Maße. Beruhigungsmittel und Opiate können trotz ihrer
kurzfristig gegenteiligen Wirkung jedoch den gleichen
Effekt haben. Auf jeden Fall handelt es sich bei den verschiedenen Symptomen, die den Entzug begleiten, um
Vata-Störungen, die mit *Vata*-beruhigenden Maßnahmen
behandelt werden sollten. Um diese Methoden geht es
später im dritten Teil (»Wege in die Unabhängigkeit«).

Pitta

Das *Pitta-Dosha* leitet sich vom Feuerelement her und
wird in der vedischen Literatur häufig mit Hitze-Meta-
phern beschrieben. *Pitta* regelt die Verdauung und den
Stoffwechsel. Die Ursache der meisten Verdauungs-

störungen liegt in einem zu starken oder zu schwachen Verdauungsfeuer. Nicht von ungefähr wird ein Begriff wie »Burnout« (Ausgebranntsein) häufig für die Wirkungen eines lang andauernden Drogengebrauchs verwandt, besonders bei Amphetaminen und anderen anregenden Drogen oder bei Halluzinogenen wie LSD oder Marihuana.

Menschen mit einer *Pitta*-Konstitution sind im allgemeinen zielorientiert und stellen hohe Ansprüche an sich selbst. Gerät *Pitta* aus dem Gleichgewicht, können sie zu gehetzten Menschen werden. Für *Pitta*-Typen ist es nicht ungewöhnlich, zu Drogen zu greifen, weil sie damit ihre Ziele besser zu erreichen hoffen. Der französische Schriftsteller und Philosoph Jean-Paul Sartre benutzte jahrelang Amphetamine in dem Bestreben, soviel wie möglich zu schreiben. Langfristig führen Amphetamine zu Augenschäden, und Sartre verlor wegen seines Drogengebrauchs schließlich das Augenlicht.

Kapha

Depressionen, Lethargie und ein Leben im Sitzen sind gewöhnlich die Anzeichen für ein *Kapha*-Ungleichgewicht. Um diese Symptome zu bekämpfen, fühlen sich *Kapha*-Typen oft von starken Anregungsmitteln angezogen, die ihnen rasch Energieschübe verschaffen. Dazu gehören Opiate wie Heroin oder Barbiturate wie Valium, die aber nur die angeborenen Neigungen des *Kapha*-Menschen verstärken. In jedem Falle werden die natürlichen Energiequellen dadurch erschöpft und nicht entwickelt.

Wenn ein *Kapha*-Typ eine Zeitlang Drogen benutzt hat, weist er fast immer ein *Vata*-Ungleichgewicht auf. Diese Störung muß behandelt werden, bevor die Bedürfnisse des dominierenden *Doshas* erfüllt werden können. Das *Vata*-Ungleichgewicht läßt sich unter Umständen nur schwer erkennen, wenn übermäßiges Schlafen, Essen oder andere offensichtliche Symptome einer Depression vorliegen. Depressionen und Angstzustände sind jedoch nur zwei Seiten einer Medaille, denn ein aus dem Lot geratener *Kapha*-Typ schläft vielleicht nachts zwölf Stunden ohne auch nur einen einzigen Augenblick der Entspannung. Für *Kaphas* wie auch andere Konstitutionstypen sollten deshalb die im dritten Teil beschriebenen Techniken zur Ausbalancierung von *Vata* der erste Schritt auf dem Weg sein, nach dem Drogengebrauch das Gleichgewicht wiederherzustellen.

3 NIKOTIN

Eines der umstrittensten Themen heute ist die Rolle des Tabaks. Im Gegensatz zu der einhellig geäußerten Meinung über die Gefahren der Abhängigkeit von illegalen Drogen wie Heroin oder von legalen, aber potentiell gefährlichen wie Alkohol herrscht in unserer Gesellschaft, was den Tabak betrifft, keine generelle Übereinstimmung in bezug auf Tabak. Zwar verurteilen alle Ärzte das Rauchen, aber es gibt auch mächtige finanzielle und politische Interessen, die den Tabakkonsum verteidigen und fördern. Auf jeder Zigarettenschachtel befindet sich eine Warnung des Gesundheitsministers, und gleichzeitig stellt die Tabaksteuer für die Steuerbehörden eine riesige Einnahmequelle dar. Deshalb haftet jeder Regierungskampagne gegen das Rauchen notwendigerweise eine gewisse Zweideutigkeit an. Ob das Werbeverbot für Zigaretten, das 1999 in Kraft tritt, den Tabakkonsum einschränken wird, bleibt abzuwarten. Tabak bleibt schließlich weiterhin legal, wie die Zigarettenhersteller gern betonen. Nichtsdestoweniger stirbt in der Europäischen Union jährlich knapp eine halbe Million Menschen an den unmittelbaren Folgen des Rauchens.

Der Tabak und unsere Haltung ihm gegenüber schaffen ein Dilemma, das die üblichen Grenzen der Diskussion über Drogengebrauch sprengt. Wie bei keiner anderen Droge werden hier grundlegende Fragen der Finanzen, der Bevölkerungsstatistik und der persönlichen

Freiheit berührt. Der Anbau von Kokapflanzen, aus denen Kokain gewonnen wird, oder von Mohn, dem Grundstoff von Opium, spielen eine wichtige Rolle in der Wirtschaft der Erzeugerländer wie beispielsweise Peru oder Afghanistan. Viele Staaten versuchen, auf die jeweiligen Länder Druck auszuüben, damit sie den Anbau dieser Pflanzen einstellen. Dies gilt aber nicht für den Tabakanbau, obwohl die Zahl der Menschen, die an den Folgen des Rauchens sterben, die Zahl die der anderen Drogentoten um ein Vielfaches übersteigt.

Praktisch jeder, der raucht, weiß, daß Tabak schädlich für seine Gesundheit ist. Als der Aufdruck »Rauchen gefährdet die Gesundheit« auf den Zigarettenschachteln gesetzlich vorgeschrieben wurde, befolgten die Zigarettenhersteller diese Vorschrift gern, weil sie davon ausgingen, daß diese »faire Warnung« sie vor Schadensersatzklagen von sterbenden Rauchern schützen würde. Ob das auch in Zukunft so bleibt, wird sich herausstellen. Es gibt jedoch Anzeichen dafür, das die Warnungen und andere negative Schlagzeilen über das Rauchen endlich Wirkung zeigen. Jedes Jahr geben Millionen Menschen das Rauchen auf. Viele machen jedoch die Erfahrung, daß sie einfach nicht damit aufhören können, und die meisten derjenigen, die es schaffen (oder nie damit anfangen), kommen aus den gebildeteren und wohlhabenderen Schichten der Gesellschaft. In bestimmten Bevölkerungsgruppen nimmt die Beliebtheit des Rauchens heute sogar noch zu, wie beispielsweise unter Jugendlichen. Außerdem winkt dem Tabak anscheinend in anderen Teilen der Welt eine strahlende Zukunft. In China zum Beispiel, mit seinen über einer Milliarde Einwohnern, ist die Zahl der Raucher größer als die Gesamtbevölkerung der USA.

GESCHICHTE DES TABAKS UND SEINER ANZIEHUNGSKRAFT

Wie der Alkohol hatte auch der Tabak im Lauf seiner Geschichte eine zeremonielle Funktion. Die »Friedenspfeife zu rauchen« war ein bekanntes Ritual bei einigen amerikanischen Indianerstämmen. Europäische Entdecker wie Sir Walter Raleigh lernten den Tabak wahrscheinlich zuerst in diesem Umfeld kennen. Raleigh soll zwar angeblich den Tabak im 17. Jahrhundert nach England gebracht haben, aber historisch gesehen ist das wahrscheinlich nicht ganz richtig. In Europa war das Rauchen nämlich schon seit den ersten Reisen des Christoph Columbus in die Neue Welt bekannt, und das war hundert Jahre vor Raleigh. Als sich einer von Columbus' Seeleuten bei der Rückkehr nach Spanien eine Zigarre anzündete, wurde er »zum Schutz seiner Seele« ins Gefängnis gesteckt. Bei seiner Entlassung war das Rauchen bereits in ganz Europa zum beliebten Freizeitvergnügen geworden.

Es ist eine interessante Tatsache, daß sowohl weltliche wie kirchliche Mächte dem Rauchen von Anfang an mit zwiespältigen oder gar gegensätzlichen Reaktionen begegneten. Kurz nachdem das Rauchen in Deutschland populär geworden war, stand es schon unter Todesstrafe. In Rußland konnten Raucher zur Kastration verurteilt werden, und in Amerika gab es noch 1909 in zehn Bundesstaaten Gesetze gegen das Rauchen. Nichtsdestoweniger hat sich das Rauchen bei der Bevölkerung stets einer großen Beliebtheit erfreut. Keine noch so strengen obrigkeitlichen Maßnahmen konnten die Verbreitung des Rauchens verhindern. Offenbar läßt sich diese Gewohnheit durch staatlichen Druck nicht gänzlich unterbinden. Anders als heute waren es ursprünglich weniger die Medizi-

ner, die sich gegen das Rauchen wandten, als vielmehr die
Hüter der öffentlichen Moral; die europäischen Ärzte be-
trachteten den Tabak eher als wirksames Arzneimittel
denn als Laster. Aber ungeachtet der offiziellen Billigung
oder Mißbilligung breitete sich das Rauchen unaufhalt-
sam aus, wo immer der Tabak eingeführt wurde.

Mit der Erfindung der Zigarettenmaschinen im 19.
Jahrhundert trat ein Wendepunkt in der Geschichte des
Tabaks ein. Bis dahin war der Tabak gekaut, geschnupft
oder in Pfeifen oder als Zigarren geraucht worden. Diese
umständlichen Methoden hatten die Verbrauchsmengen
beschränkt. Aber bereits die ersten Zigarettenmaschinen
konnten täglich mehr als hunderttausend Zigaretten pro-
duzieren. Vorgerollte Zigaretten waren zudem billiger
und leichter zu transportieren. Sie verbrauchten sich
auch schneller als Tabak in anderer Form; man konnte
also davon ausgehen, daß ein Raucher sich öfter eine Zigarette anzündete. Zwischen den Gebrauchsformen von
Tabak und Kokain bestehen interessanterweise Entwick-
lungsparallelen. In weiten Teilen der Bevölkerung ist das
pulverförmige Kokain durch Crack ersetzt worden. Crack
kostet weniger pro Einheit, es wirkt rascher und ist »be-
quemer« zu benutzen.

Selbst dieser kurze Überblick enthüllt einen wichtigen
Aspekt der Anziehungskraft des Rauchens. Von Anfang an
stellte es eine leicht zugängliche Möglichkeit dar, gegen
die offizielle Moral zu verstoßen, eine Art riskantes Ge-
schäft, ist es doch zuerst von »wilden Indianern« prakti-
ziert worden. In den zwanziger Jahren galt das Rauchen
in Amerika ebenso als schick wie der Besuch einer
Kneipe, in der trotz der Prohibition Alkohol ausgeschenkt
wurde. Zweifellos macht gerade dieser Aspekt des Prote-
stes gegen die Autoritäten einen nicht unwesentlichen
Teil der Anziehungskraft des Rauchens aus, gerade auch

für Jugendliche. Rauchen kann auch Kameradschaft, Reife und persönlichen Stil ausdrücken, wie jeder zugeben wird, der einen Film mit Humphrey Bogart oder Bette Davis gesehen hat. In weiten Teilen der Bevölkerung hat erst in den letzten Jahrzehnten ein echter Bewußtseinswandel im Hinblick auf den Tabak stattgefunden. Doch auch diese jüngsten Veränderungen beschränken sich meist nur auf bestimmte Bevölkerungsgruppen.

RAUCHEN ALS SUCHT

Unabhängig von der Meinung der Mediziner in der Vergangenheit warnt heute praktisch jeder Arzt seine Patienten mit größtem Nachdruck vor dem Rauchen. Und obschon die Tabakindustrie es weiterhin leugnet, ist die suchterzeugende Wirkung des Rauchens inzwischen zweifelsfrei erwiesen.

Tabakrauch enthält etwa viertausend unterschiedliche chemische Bestandteile – darunter Kohlenmonoxid, Zyanwasserstoff und Formaldehyd –, aber bekanntlich ist Nikotin der Hauptauslöser für die psychologische Abhängigkeit. Zwar bewerten die Wissenschaftler das Suchtpotential von Nikotin im Vergleich zu anderen Substanzen wie Kokain oder Amphetaminen unterschiedlich, aber es wirkt zweifellos extrem suchtverursachend. Nur zwischen drei und zwanzig Prozent derjenigen, die Kokain ausprobieren, werden letztlich süchtig, aber zwischen einem Drittel und der Hälfte aller »Experimentier«-Raucher werden nikotinabhängig. Untersuchungen zeigen, daß ein Jugendlicher, der nur vier Zigaretten täglich raucht, mit einer vierundneunzigprozentigen Wahrscheinlichkeit den größten Teil seines Lebens ein Raucher sein wird.

Für die Tabak- und Nikotinsucht gibt es viele Behand-
lungsmethoden. Praktisch alle führen bei bestimmten
Rauchern zum Erfolg, während andere Menschen nicht
mit dem Rauchen aufhören können, ganz gleich, wie oft
sie es versuchen. Das Geheimnis liegt also weniger in der
Behandlung als vielmehr in Verstand und Herz des Rau-
chers – und zu diesem Schluß komme ich aus eigener Erfahrung.

Mit siebzehn Jahren habe ich mit dem Rauchen angefangen. Im Lauf der Zeit gab es viele Versuche aufzuhören, aber keiner hatte langfristig Erfolg. Am Ende
verachtete ich mich deswegen und ärgerte mich über
mich selbst, weil ich mich nicht beherrschen konnte. Des
öfteren schleuderte ich voller Wut eine Schachtel mit den
letzten fünf Zigaretten in den Mülleimer und schwor mir
aufzuhören. Aber es verging keine Stunde, und ich ne-
stelte verstohlen an einem neuen Päckchen. Ich erkannte,
daß der Kreislauf aus Selbstvorwürfen und Schuldge-
fühlen irgendwie der Mechanismus war, der meine Gewohnheit am Leben erhielt. Diese Einsicht hatte jedoch
keinerlei praktische Auswirkung darauf – ich rauchte weiter. Ich spielte dieses Spiel einfach immer wieder durch.
In ayurvedischen Begriffen wurde meine Absicht aufzuhören überschattet von der Erinnerung an das Rauchen
und die dadurch ausgelösten Wünsche.

Dann besuchte ich eines Abends eine Ballettauf-
führung. Als ich dort so in der Dunkelheit saß und die an-
mutigen Tänzer bewunderte, konnte ich hören, wie ich
keuchend und stoßweise atmete. Dieser Gegensatz
machte einen tiefen Eindruck auf mich. Vor mir sah ich
großartige Athleten förmlich über die Bühne schweben,
und hier saß ich und schnappte nach Luft.

Am nächsten Tag, als ich mir gerade ein neues Zigaret-
tenpäckchen aufmachen wollte, fühlte ich mich wegen

des Rauchens noch schuldiger als sonst. Aber ich hatte inzwischen gelernt, daß diese Gefühle nicht ausreichten, um meine Abhängigkeit zu durchbrechen; auf irgendeine mysteriöse Weise wurde sie sogar durch meine Schuldgefühle noch verstärkt. Anstatt also die vergiftende Praxis des Rauchens auch noch mit giftigen Selbstvorwürfen zu begleiten, kehrte ich in Gedanken zu den wunderbaren Tänzern vom Vorabend zurück. Dadurch fand ich endlich einen Weg, die Fessel meines Suchtverhaltens zu sprengen. Ich warf das Päckchen Zigaretten weg. Immer wenn ich in den folgenden Wochen den Wunsch nach einer Zigarette verspürte, rief ich mir das Bild der Tänzer ins Gedächtnis. Ich kämpfte nicht mehr gegen meine Sucht an, sondern ersetzte sie durch eine positive Alternative.

Ich will damit nicht sagen, daß es sich hierbei um eine wundersame Entdeckung meinerseits handelt. Erkenntnistechniken und positive Visualisierungen sind die Grundlage zahlreicher Suchttherapien. Wichtig ist, daß ich einen Punkt erreicht hatte, an dem ich ernsthaft mit dem Rauchen aufhören wollte. Indem ich diese Absicht mit einer Vision von Schönheit und Gesundheit verband, war ich imstande, eine neue Abfolge aus Erinnerung, Handlung und Wunsch zu schaffen. Die Erinnerung an die Tänzer motivierte mich zu der Handlung, die Zigaretten wegzuwerfen. Indem ich das tat, gab mir diese positive Erfahrung ein gutes Gefühl. Dieses Gefühl hatte mehr Kraft als der Genuß, den mir das Rauchen verschaffte, und der Wunsch, diese Erfahrung zu wiederholen, war stärker als mein Wunsch zu rauchen. Seit vielen Jahren habe ich keine Zigarette mehr angerührt.

Ich habe Ihnen das alles erzählt, weil ich hervorheben möchte, wie wichtig der ernsthafte Entschluß ist. Die Tänzer waren sicherlich ein schöner und inspirierender Anblick, aber zweifellos hatte ich im Lauf meiner Jahre als

Raucher schon ähnliches gesehen. Plötzlich jedoch war ich bereit, diese Tänzer wirklich wahrzunehmen. Ich war bereit zu sehen, daß das Leben etwas Wunderbares zu bieten hatte. Als ich mein eigenes, keuchendes Atmen bewußt hörte, wurde mir klar, was ich mir hatte entgehen lassen.

Sind Sie an diesem Punkt angelangt? Ist es Ihr ernsthafter Entschluß, mit dem Rauchen aufzuhören? Wenn das der Fall ist, dann bin ich davon überzeugt, daß Ihnen die Ratschläge auf den nächsten Seiten sicher dabei helfen können.

VOM RAUCHER ZUM NICHTRAUCHER

Die weltweite Beliebtheit des Rauchens macht deutlich, daß diese Sucht nicht auf eine eng umschriebene Bevölkerungsgruppe begrenzt ist. Aus ayurvedischer Sicht kann sich jeder der drei Konstitutionstypen aus unterschiedlichen Gründen vom Tabakgenuß angezogen fühlen.

Für *Vata*-Menschen ist das Rauchen eine Möglichkeit, mit nervöser Energie fertig zu werden. Das Hantieren mit einer Zigarette dient als Ventil für Nervosität und den Drang, sich andauernd zu bewegen – typische Anzeichen eines gestörten *Vata*. *Vata*-Typen geben das Rauchen unter Umständen leichter auf als *Pittas* und *Kaphas*, aber das liegt daran, daß sie ganz allgemein aufgeschlossener gegenüber Veränderungen sind. Obwohl ihnen das Aufhören manchmal leichter fällt, fangen sie auch eher wieder damit an. Selten trifft man einen rauchenden *Vata*-Typ mittleren Alters, der nicht schon mindestens zwei- oder dreimal den Zigaretten abgeschworen hat.

Für *Pitta*-Menschen drückt sich im Rauchen der für sie typische Drang nach Macht und Selbstbestätigung aus. *Pittas* lassen sich ungern herumkommandieren; deshalb hat wahrscheinlich auch die größte Negativwerbung keine Wirkung auf ihr Rauchverhalten. Vielmehr übt die Erfahrung, »mit dem Feuer zu spielen« – wortwörtlich und im übertragenen Sinn –, eine starke Anziehung auf den *Pitta*-Typ aus. *Pittas* hängen auch an streng geregelten und ritualisierten Verhaltensweisen. Deshalb verspüren sie häufig zu bestimmten Tageszeiten das starke Bedürfnis nach einer Zigarette, besonders nach dem Essen.

Kapha-dominierte Menschen benutzen das Rauchen häufig als Ausdruck ihrer natürlicherweise langsamen und kontemplativen Lebensweise. Viele *Kapha*-Männer finden Zigarren besonders anziehend; für die Erfahrung, sich mit einer dicken Zigarre in einen bequemen Sessel zurücklehnen zu können, ist ein *Kapha*-Typ weitaus empfänglicher als ein *Vata*- oder *Pitta*-Mensch. Ähnlich wie *Pittas* weigern sich *Kapha*-Typen manchmal beharrlich, das Rauchen aufzugeben.

Unabhängig vom Konstitutionstyp ist die unten beschriebene »Vier-Punkte-Technik« meiner Meinung nach für jeden nützlich, der das Rauchen aufgeben will. Aber wie beim Alkohol hängt der Erfolg auch hier von der tiefen Überzeugung ab, daß Sie das Rauchen durch eine andere Art von Befriedigung ersetzen wollen, durch eine Erfüllung von höherem Wert. Bevor Sie versuchen aufzuhören, überprüfen Sie, was das Rauchen Ihnen bisher gegeben und was es Sie gekostet hat. Kommen Sie zu einem ernsthaften Entschluß, und benutzen Sie dann die unten erläuterte Methode als praktische Anleitung, diesen Entschluß in die Tat umzusetzen.

Vier Schritte, um sich das Rauchen abzugewöhnen

1. Wenn es Ihnen wie den meisten Rauchern geht, zünden Sie sich wahrscheinlich Ihre Zigaretten an, benut-

zen sie und werfen sie weg, ohne sich wirklich bewußt zu werden, was Sie tun. Diese Verhaltensweisen sind im Lauf der Jahre zu tief eingeschliffenen, fast automatischen Reflexen geworden. Der erste Schritt auf dem Weg zum Nichtraucher besteht also darin, sich der Tatsache bewußt zu werden, daß Sie tatsächlich rauchen. Bevor Sie eine Zigarette anzünden, versuchen Sie bewußt, den Vorgang zu verlangsamen. Schauen Sie die Zigarette an, die Sie in der Hand haben, und hören Sie auf die Signale Ihres Körpers. Möchte Ihr Körper diese Zigarette wirklich haben? Oder ist die Zigarette nur ein Mittel, bestimmte Gedanken oder Gefühle zu überdecken? Selbst wenn Sie zu dem Ergebnis kommen, daß Sie die Zigarette tatsächlich rauchen wollen, wird das Hineinhorchen in Ihren Körper den Vorgang verlangsamen und Ihren »Autopiloten« abschalten. Auch wenn es merkwürdig klingt: Wenn Sie diese Technik erlernen wollen, hilft es Ihnen vielleicht, sich bei den Vorbereitungen zum Rauchen im Spiegel zuzuschauen. Das unterstützt Sie darin, sich während des kritischen Moments – kurz bevor Sie die Zigarette anzünden – bewußt selbst zu beobachten. Denken Sie stets daran, daß ein wichtiger Schritt bei jeder Suchtbehandlung darin besteht, zwanghaftes Verhalten zu beseitigen und es durch volle Aufmerksamkeit zu ersetzen. Bereits dadurch, daß man sich seiner Handlungen bewußt wird, erreicht man oft einen großen Fortschritt auf dem Weg zum Nichtraucher.

2. Ebenso wie beim Trinken oder anderem Suchtverhalten wird der Impuls zu rauchen häufig durch ein breites Spektrum von »Stichwörtern« und Signalen ausgelöst. Viele Leute zünden sich zum Beispiel unbewußt beim Telefonieren oder Kaffeetrinken eine

Zigarette an. Versuchen Sie, das Rauchen von bestimmten Tätigkeiten, Gefühlen oder Situationen abzukoppeln. Das wird auch die bewußte Aufmerksamkeit fördern, die ich bei Schritt 1 angesprochen habe.
Selbst wenn Sie noch eine Zeitlang weiterrauchen, tun
Sie es zumindest bewußt. Außerdem werden Sie dann
auch die unangenehmen Empfindungen wahrnehmen,
die damit verbunden sind.

3. Sobald Sie erst einmal einen bestimmten Grad an bewußter Aufmerksamkeit bezüglich Ihrer Gewohnheit
   entwickelt haben, verbinden Sie mit dem Vorgang des
   Rauchens einen neuen Gedanken. Bei mir handelte es
   sich um das Bild der graziösen Tänzer, aber natürlich
   können Sie jeden anderen angenehmen Gedanken
   oder jede schöne Erinnerung verwenden. Sie müssen
   jedoch eine spirituelle Bedeutung damit verbinden,
   und Sie müssen mit der Erinnerung einen ernsthaften
   Entschluß verknüpfen. Eine genaue Definition ist
   nicht leicht, aber Sie werden intuitiv den Unterschied
   erkennen zwischen einem Gedanken, der Sie in den
   Bereich der Spiritualität trägt, und einem Gedanken,
   der ohne jede spirituelle Bedeutung ist. Bleiben Sie
   bei diesem Gedanken oder dieser Erinnerung. Lassen
   Sie zu, daß das Bild den Wunsch zu rauchen überschattet. Welche Hoffnungen werden in Ihrem Geist dadurch geweckt? Welche Gefühle steigen in Ihnen auf?
   Geben Sie sich dieser Erfahrungen mit wacher Aufmerksamkeit hin, bis der Wunsch nach einer Zigarette
   verschwunden ist.

4. Sich auf einen spirituell bedeutsamen Gedanken oder
   eine Erinnerung zu konzentrieren ist eine Grundform
   der Meditation – ein erster Schritt in Richtung auf das

tiefe Abenteuer des Bewußtseins. Über Meditation erfahren Sie mehr im dritten Teil dieses Buches, ebenso
über andere Techniken, durch die Sie Kontakt mit
Ihrem höheren Selbst aufnehmen können. Diese Methoden sind außerordentlich hilfreich und vielleicht
sogar unentbehrlich, um sich von jeder Art Sucht zu
befreien. Ich bin noch nie jemandem begegnet, der
regelmäßig meditierte, *Yoga* ausübte oder einer ver-
wandten spirituellen Disziplin folgte und der gleichzeitig in Abhängigkeiten verstrickt war.

*Meiner Ansicht nach liegt die einzige dauerhafte Über-
windung der Nikotinsucht wie auch jeder anderen Abhängigkeit darin, daß Sie Ihr wahres spirituelles Wesen
entdecken.*

4 ESSEN

Man weiß, daß Albert Einstein während seiner Jahre am Institute for Advanced Studies in Princeton im amerikanischen Bundesstaat New Jersey vollkommen in seine wissenschaftlichen Betrachtungen versunken war. Edward Regis, der eine Geschichte des Instituts mit dem Titel »Who got Einstein's Office?« (Wer bekam Einsteins Büro?) geschrieben hat, erzählt eine Begebenheit, die sich eines Nachmittags zutrug, als der große Physiker allein in der Nähe seines Hauses spazierenging. Er traf einen jüngeren Kollegen aus dem Institut, die beiden unterhielten sich ein paar Minuten, dann wollte jeder seiner Wege gehen. Aber Einstein zögerte.

»Entschuldigen Sie, aber ich habe eine letzte Frage«, sagte er. »Als wir eben stehengeblieben sind, um miteinander zu sprechen, bin ich da in Richtung meines Hauses gegangen oder von ihm weg?«

Manch einer wäre wohl über eine solche Frage erstaunt gewesen, aber die Leute, die mit Einstein arbeiteten, hatten gelernt, auf alles gefaßt zu sein. »Sie kamen von Ihrem Haus«, antwortete der jüngere Professor. »Da bin ich mir sicher.«

»Ausgezeichnet«, sagte Einstein lächelnd. »Das heißt, daß ich schon zu Mittag gegessen habe.« Dann setzte er seinen Weg ins Büro fort.

Vielleicht war Einstein das Essen wirklich gleichgültig, zumindest, solange er genug davon bekam. Nach ein paar

Tagen ohne Nahrung hätten sich seine Gedanken aber ge-
wiß von den Geheimnissen von Raum und Zeit abgewandt
und damit beschäftigt, wie er am ehesten an ein gutes
Butterbrot kommen könnte. Niemand ist dem Essen
gegenüber wirklich gleichgültig – wir alle sind davon
»abhängig«. Aber es ist eine von der Natur vorgesehene,
durchweg positive Abhängigkeit. Der Ayurveda betont
die Empfindungen und angenehmen Erfahrungen, die
mit der Nahrungsaufnahme verbunden sind, ebenso wie
die Bedeutung des Essens für die Gesundheit.

Unsere Gesellschaft hat zwar das Problem des Hun-
gers erfolgreicher als jede andere Kultur in den Griff
bekommen, aber leider bildet sie gleichzeitig den Nähr-
boden für eine ganze Reihe von Eßstörungen. Sie sind
alle gefährlich und in ihren extremen Formen lebensbedrohlich. Die Situation scheint sich sogar zu verschärfen,
besonders, was das Problem des Übergewichts in der
Gesamtbevölkerung angeht.

Statistisch gesehen, besteht eine große Chance, daß
Sie selbst schon Bekanntschaft mit übermäßiger Ge-
wichtszunahme gemacht haben. Millionen von Menschen
entschließen sich jedes Jahr zu irgendeiner Diät. Die
Branchen, die von der Gewichtsreduzierung leben, verzeichnen jährlich riesige Umsätze. Dennoch steigt das
Gewicht des Durchschnittsbürgers weiter: Nach Studien
der Weltgesundheitsorganisation (WHO) hat etwa ein
Drittel der Deutschen Übergewicht, jeder zweite Amerikaner ist zu dick, und auch in Großbritannien, Kanada
und Brasilien plagen sich heute doppelt so viele Menschen mit überflüssigen Pfunden als vor zwanzig Jahren.
Der Trend setzt sich bei den Finnen, Schweden und Nie-
derländern fort und greift zum Teil auch auf Australien,
China, Japan und Thailand über.

Bis zu einem gewissen Grad läßt sich diese kollektive

Zunahme durch die veränderten Arbeitsbedingungen erklären. Heutzutage verrichten die Menschen einfach weniger körperliche Arbeit als früher und verbrennen daher nicht mehr so viele Kalorien. Außerdem unterscheidet sich die Ernährung der Menschen heute in ihrem Nährstoffgehalt von der ihrer Eltern – unsere Nahrung enthält einen größeren Anteil an raffiniertem Zucker und mehr Fett. Falls Sie stark übergewichtig sind, ist es jedoch – trotz dieser äußeren Einflüsse – wahrscheinlich, daß Ihre Eßgewohnheiten Züge eines Suchtverhaltens aufweisen.

Auf diesem Gebiet sind die Einsichten und Techniken des Ayurveda besonders wirksam. Für die alten Seher, die den Ayurveda geschaffen haben, waren der Akt des Essens und die Auswahl der Nahrung von größter Bedeutung. Die Grundregeln, die sie verfaßt haben und die im Lauf der Jahrhunderte verfeinert wurden, sind wegen des gesunden Menschenverstandes, der darin zum Ausdruck kommt, und wegen der Übereinstimmung mit den jüngsten Forschungsergebnissen über Eßstörungen äußerst bemerkenswert. Das bedeutet ganz einfach: Sie wirken. Die Ratschläge und Methoden in diesem Kapitel können Ihnen rasch dabei helfen, zwanghafte und abhängige Eßgewohnheiten abzulegen. Es sind vielleicht die ersten Schritte auf dem Weg, wieder mit Vergnügen zu essen und echte Lebensfreude zu empfinden.

ESSEN UND SUCHTVERHALTEN

Ein neugeborenes Baby schreit. Es weiß nicht, weshalb, es weiß nur, *irgend etwas stimmt nicht, irgend etwas tut weh.* Die Mutter weiß jedoch, das Baby ist hungrig, und dagegen kann sie leicht etwas tun. Sobald sich die Lippen des Säuglings um die Brustwarze schließen und die Milch zu fließen beginnt, fühlt sich das, was vorher nicht stimmte, richtig an. Wo zuvor Unbehagen war, ist nun Wohlbefinden. Auch jetzt versteht das Baby den Mechanismus nicht. Es weiß nur, daß Essen ein gutes Gefühl erzeugt – und das ist eine Verbindung, die kein Mensch so leicht vergißt.

Die Natur hat es so eingerichtet, daß das durch Hunger entstandene Unbehagen durch Nahrung gemildert wird. Wie ist es aber mit dem Unbehagen, das durch Druck am Arbeitsplatz verursacht wird? Oder durch Einsamkeit und Ärger? Wie steht es mit dem seelischen Schmerz, der mit starkem Übergewicht einhergeht – kann all das durch Essen gebessert werden? Natürlich lautet die kurzfristige Antwort »ja«, ebenso wie sich diese Probleme für eine kurze Weile durch ein Glas Alkohol oder eine Heroinspritze beseitigen lassen. Aber diese Wege der Erleichterung bedeuten eigentlich die Rückkehr in einen Zustand kindlicher Abhängigkeit. Es sind Versuche, die Gefühle zurückzuholen, die ein schreiendes Baby empfindet, wenn es sich plötzlich wie durch ein Wunder besser fühlt. Unglücklicherweise ist dies jedoch ein Bereich, in dem wir nicht »wieder nach Hause zurückkehren« können. Im Hinblick auf die Eßsucht bedeutet dies: Als Erwachsene sollten wir nicht versuchen, unsere Probleme so zu lösen, wie wir es als Kinder getan haben.

Wenn Sie mit Ihrer Arbeit unzufrieden sind, sprechen Sie mit Ihrem Vorgesetzten. Sind Sie in einer Beziehung nicht glücklich, sollten Sie diesem Gefühl Ausdruck geben. Und wenn Sie wirklich hungrig sind, essen Sie auf jeden Fall, auch wenn Sie Übergewicht haben. Aber essen Sie nicht, wenn Sie nicht hungrig sind.

Essen Sie nicht, wenn Sie nicht hungrig sind! Ich möchte diesen Punkt hervorheben, denn er ist der Schlüssel zur Befreiung von der Eßstörung. Bei der Erörterung von Alkohol, Drogen und Tabak habe ich versucht, die damit verbundenen angenehmen Erfahrungen ebenso zu beachten wie die Gefahren. Aber muß man das Vergnügen des Essens wirklich besonders erwähnen? Sicher gibt es Leute wie Albert Einstein, die in Gedanken mit vielen anderen Dingen beschäftigt sind, aber für die meisten von uns ist das Essen eine Quelle des Glücks. Wenn es jedoch zur hauptsächlichen Quelle des Glücks wird, oder sogar zur einzigen, führt das unweigerlich zu Problemen. Wie bei allen anderen Abhängigkeiten liegt die Herausforderung auch bei der Überwindung der Eßstörung darin, positive, wirklich erfreuliche Alternativen zu finden. Es geht nicht einfach nur darum, weniger zu essen, sondern auch darum, etwas zu tun, das Freude macht. Im dritten Teil dieses Buches finden Sie neben Vorschlägen, die die Ernährung betreffen, auch einige Gedanken, die Ihnen helfen sollen, neue Quellen der Lebensfreude für sich zu erschließen. Sie werden oft Gelegenheit haben, diese neuen Quellen zu erforschen, denn die Zeit, die Sie bisher damit verbracht haben zu essen, als Sie nicht hungrig waren, steht Ihnen nun zur Verfügung. Denken Sie daran: *Essen Sie nicht, wenn Sie nicht hungrig sind!*

Das wird nicht unbedingt einfach sein, zumindest nicht am Anfang, und es wird konzentrierte Aufmerksamkeit erfordern. Aber indem Sie lernen, auf Ihren Körper zu hören und seine Botschaften zu verstehen, können Sie diesen einen Satz in ein Prinzip verwandeln, das Ihr Leben verändert.

Wenn Sie schon eine Weile gegen eine Eßstörung ankämpfen, haben Sie vielleicht im wahrsten Sinne des Wortes vergessen, wie Sie echten Hunger auf Nahrung von einem anderen, »verkleideten« Verlangen unterscheiden können. Echter Hunger ist ein Signal aus dem Inneren des Körpers dafür, daß Ihr System jetzt bereit ist, Nahrung aufzunehmen und zu verstoffwechseln. Viele andere Bedürfnisse, Ärgernisse oder Sehnsüchte veranlassen Sie vielleicht dazu, sich Nahrung in den Mund zu schieben, aber Ihr Verdauungssystem kann diese Nahrung nicht wirksam verarbeiten und wird sie statt dessen als Fett speichern. Wenn Sie lernen wollen, echten Hunger zu erkennen, müssen Sie aufmerksam sein. Wie beim Zigarettenrauchen geht es hier darum, bislang automatisierte, reflexartige Eßgewohnheiten in ein bewußtes, aufmerksames Verhalten umzuwandeln – und eine erstaunlich einfache Technik kann Ihnen dabei helfen. Wenden Sie sie in den kommenden zwei Wochen an, und Sie werden nicht nur vernünftiger essen, sondern auch lernen, in einer Weise auf Ihren Körper zu hören, die im ayurvedischen Verständnis von Gesundheit eine große Rolle spielt:

Legen Sie immer, bevor Sie mit dem Essen beginnen – sei es bei einer kleinen Zwischenmahlzeit am Vormittag oder bei einem formellen Abendessen – , die Hand auf Ihren Magen, und stellen Sie bewußt Ihren Hungerpegel fest. Sagt Ihr Magen Ihnen, daß Sie wirklich hungrig sind, oder hat der Wunsch nach Nahrung einen anderen Ursprung? Was fühlen Sie gerade? Was wollen Sie wirklich?

Nachdem Sie mit dem Essen begonnen haben, legen Sie von Zeit zu Zeit wieder Ihre Hand auf den Magen, um Ihren Sättigungsgrad festzustellen. Essen Sie, bis Sie sich angenehm gesättigt fühlen. Machen Sie sich von dem Gedanken frei, daß Sie so lange essen müssen, bis Sie keinen Bissen mehr hinunterbekommen. Der Magen ist nicht wie der Benzintank eines Autos, der jedesmal, wenn man an einer Tankstelle hält, gefüllt werden muß. Der Ayurveda lehrt, daß das menschliche Verdauungssystem wie ein Feuer ist: Zuviel Brennstoff kann es ersticken. Am besten füllt man den Magen nur zu zwei Drittel, und mit etwas Übung kann man genau feststellen, wann dieser Punkt erreicht ist. Versuchen Sie, die Hand mehrmals am Tag auf den Magen zu legen, um Ihren Hungerpegel zu schätzen. Vielleicht möchten Sie sich auch eine Liste anlegen, in der Sie notieren, wie Sie sich zu verschiedenen Zeiten fühlen und wie sich das in Ihrem Eßverhalten niederschlägt.

Bewußtsein, Absicht und Aufmerksamkeit sind die Leitprinzipien für gesundes Eßverhalten. Lernen Sie, sich auf die innere Intelligenz des Körpers wie auch die höchste Weisheit des Universums zu konzentrieren, die sich in Ihnen ausdrückt. Niemand kann Ihnen sagen, wieviel Sie wiegen »sollten« oder wieviel Sie essen »sollten«. Sie selbst wissen das am besten. Sie brauchen sich nur der inneren Weisheit Ihres Körpers bewußt zu werden.

DIE ROLLE IHRES KONSTITUTIONSTYPS

Vata, *Pitta* und *Kapha* drücken sich im Eßverhalten in charakteristischer Weise aus. Aber wie bei den anderen Abhängigkeiten geht auch hier gewöhnlich ein *Vata*-Ungleichgewicht mit einem langwierigen Suchtverhalten einher. Behalten Sie diese Feststellung bitte im Sinn, wenn Sie die folgenden Beschreibungen lesen. Denn selbst wenn die Ergebnisse des Fragebogens über die Konstitutionstypen Sie als *Kapha*- oder als *Pitta*-Typen ausweisen, sollten Sie der Information über die Eßgewohnheiten von *Vata*-Menschen besondere Aufmerksamkeit widmen. Im dritten Teil finden Sie Vorschläge für eine Ernährungsweise, die besonders darauf ausgerichtet ist, *Vata* zu beruhigen.

Vata

Unregelmäßigkeit ist das hervorragende Merkmal des
Vata-Eßverhaltens, besonders, wenn das *Dosha* aus dem
Gleichgewicht geraten ist. *Vata*-Typen fassen bisweilen
den Entschluß, sich an eine ausgewogene, geregelte Ernährung zu halten. Auf einmal interessieren sie sich sogar
für den Nährwert verschiedener Nahrungsmittel und die
möglichen Gefahren von Pestiziden und anderen Zusätzen. Ebenso plötzlich können sie jedoch ein sehr starkes
Verlangen nach etwas ganz anderem verspüren – Eis,
Kekse, rotes Fleisch, eine Tafel Schokolade –, und einem
unausgeglichenen *Vata*-Menschen fällt es sehr schwer,
diesen Verlockungen zu widerstehen. Dieses »Friß-oder-
Faste«-Verhaltensmuster läßt sich in gewisser Weise mit
dem eines Gelegenheitssäufers vergleichen. Beide Ver-
haltenswesen lassen das Gefühl entstehen, keine Kontrolle über das eigene Leben zu haben. Paradoxerweise
können *Vata*-Typen aber auch konsequente oder sogar
konstante Esser sein. Wie das Kettenrauchen ist die An-
gewohnheit, sich den ganzen Tag irgend etwas in den
Mund zu schieben, einfach der Ausdruck einer tiefliegen-
den Angst.

Pitta

Wie in jedem anderen Lebensbereich, ist das Essen auch
bei *Pitta*-Typen durch ein Bedürfnis nach Organisation
und Vorhersagbarkeit gekennzeichnet. Die meisten *Pittas*
essen gern drei Mahlzeiten täglich, und zwar immer genau zur gleichen Zeit. Die Zusammensetzung der Mahlzeiten ist dabei weniger wichtig als die Regelmäßigkeit.
Der Philosoph Ludwig Wittgenstein, dessen Gedanken
die *Pitta*-Sicht in sehr ausgeprägter Form wiedergeben,

bemerkte einmal: »Es ist mir egal, was ich esse, solange es jeden Tag das gleiche ist.« Die meisten *Pitta*-Typen würden vielleicht nicht so weit gehen. Aber sie neigen generell dazu, sich aufzuregen, wenn ihre üblichen Eßgewohnheiten – oder irgendwelche anderen Lebensgewohnheiten – durchkreuzt werden. Treten solche Störungen auf, was gar nicht zu vermeiden ist, dann bricht leicht der nur oberflächlich verborgene Ärger der *Pitta*-Persönlichkeit hervor. Viele *Pitta*-Typen mit Eßstörungen benutzen Essen als einen Ausdruck von Wut – sie »schlucken ihren Ärger hinunter«. Ohne sich dessen bewußt zu sein, betrachten aus dem Gleichgewicht geratene *Pitta*-Typen ihr gewohnheitsmäßiges Überessen sogar als einen Akt der Rebellion, einen Ausdruck von Trotz gegen die Ungerechtigkeit der Welt.

Kapha

Die dem *Kapha*-Typen angeborene Sinnenfreude drückt sich oft auch im Essen aus. Wenn andere Quellen des Wohlbefindens versagen oder nicht genutzt werden, können unausgeglichene *Kapha*-Typen leicht süchtig nach Essen werden. Bei *Kaphas* verbinden sich häufig *Vata*-typische Anfälle von Heißhunger mit dem Anspruch eines *Pitta*-Menschen, drei volle Mahlzeiten täglich zu essen. Sie können fast immer essen, sei es zu den Mahlzeiten oder wenn ihnen in einer Bäckerei oder einem Feinkostgeschäft zufällig etwas Appetitliches unter die Augen kommt. Der *Kapha*-Persönlichkeit ist der Wunsch angeboren, Konfrontationen mit anderen Menschen oder eigenen, inneren emotionalen Schwierigkeiten aus dem Weg zu gehen. Essen kann solche intensiven Gefühle überdecken oder unterdrücken. Da die Ursache dieser Gefühle dadurch jedoch nicht beseitigt wird, folgt darauf meist ein deprimierendes Gefühl. Unausgeglichene *Kapha*-Menschen befinden sich dann in einem Teufelskreis und versuchen, ihre Depression loszuwerden, indem sie noch mehr essen. Es ist wichtig zu wissen, daß Eßstörungen bei diesem *Dosha* oft zu ernsthaften Gesundheitsschäden führen. Häufige Folgen sind Diabetes und Übergewicht, die beide durch die Vorliebe des *Kapha*-Typs für Süßigkeiten verstärkt werden.

GESUNDE ERNÄHRUNG

Im Westen teilt man die Nahrungsmittel nach ihrem Fett- und Kaloriengehalt ein. In den letzten Jahren haben wir außerdem begonnen, zwischen sogenannter biologisch angebauter, naturbelassener Nahrung und solcher, die industriell verarbeitet und mit verschiedenen Zusätzen versehen ist, zu unterscheiden. Auch wenn wir diese Begriffe bei der Auswahl unserer Nahrung verwenden, wissen viele Menschen wahrscheinlich nicht, was sie tatsächlich bedeuten. Viele verlassen sich einfach auf den Satz: »Weniger ist mehr«, das heißt, weniger Kalorien und weniger Fettgehalt ist für sie gleichbedeutend mit gesunder Ernährung. Je nach den Bedürfnissen des einzelnen trifft das jedoch nicht immer zu. In Fällen zum Beispiel, in denen man sofort verfügbare, hochwertige Energien benötigt, können Nahrungsmittel mit hohem Kaloriengehalt durchaus angebracht sein.

Der Ayurveda verläßt sich bei der Einteilung der Nahrungsmittel in hohem Maße auf die sinnliche Erfahrung. Zahlen, Gramm oder Kalorien spielen dabei keine Rolle. Statt dessen richten sich die ayurvedischen Kategorien danach, wie die Nahrungsmittel schmecken. Dieses System der Geschmacksrichtungen ist sehr weit entwickelt, denn der Ayurveda unterscheidet sechs unterschiedliche Geschmacksrichtungen. Wenn Sie diese Geschmacksrichtungen kennen und sich nach dem wichtigen ayurvedischen Prinzip richten, daß eine Mahlzeit stets alle sechs Geschmacksrichtungen enthalten sollte, entfallen bereits viele Auslöser für Eßstörungen. Außerdem haben Sie dann mehr Freude am Essen.

Die sechs Geschmacksrichtungen sind: süß, sauer, salzig, bitter, scharf und herb. Die ersten vier kennen Sie bestimmt, aber scharf und herb erscheinen vielleicht neu. Hier sind einige Beispiele für die sechs Geschmacksrichtungen:

Süß: Zucker, Honig, Reis, Weizen, Brot, Milch, Sahne

Sauer: Käse, Joghurt, Zitronen, Zwetschgen und anderes saures Obst

Salzig: Alle gesalzenen Nahrungsmittel

Scharf: Alle gewürzten, scharf schmeckenden Nahrungsmittel, Chili, Salsa (scharfe Soße), Cayennepfeffer und Ingwer

Bitter: Spinat, Romana-Salat und alle grünen Blattgemüse

Herb: Bohnen, Linsen, Granatäpfel, Äpfel, Birnen und Kohl

Die süße Geschmacksrichtung wird in der westlichen Welt außerordentlich bevorzugt und verdient deshalb besondere Beachtung. Unsere »Zuckerabhängigkeit« beginnt vielfach schon im Kleinkindalter mit industriell gefertigten Frühstücksflocken und süßen Riegeln, und viele Menschen haben ihr ganzes Leben ein starkes Verlangen nach Süßem. Außerdem rufen bestimmte Nahrungsmittel, die selbst nicht süß sind, den Wunsch nach etwas

Süßem hervor: Ein herzhaftes Rumpsteak erzeugt häufig den Wunsch nach einer süßen Nachspeise. Wenn Sie Ihre Ernährung nach ayurvedischen Gesichtspunkten umstellen, sollten Sie zuerst überlegen, welche Rolle Süßigkeiten in Ihren Eßgewohnheiten spielen. Es könnte gut sein, daß diese Geschmacksrichtung einen großen Teil Ihrer Nahrungsaufnahme darstellt. Um Ihr Verlangen nach Süßem zu verringern, versuchen Sie, Nahrungsmittel, die raffinierten Zucker enthalten, durch etwas Honig zu ersetzen. Da Zucker ein Verlangen nach mehr Zucker weckt, kann der Honig beim Frühstück hilfreich sein, um eine Kettenreaktion aus zuckerhaltigen Nahrungsmitteln zu durchbrechen, die sonst vielleicht den ganzen Tag andauert.

Sobald Sie sich der süßen Speisen in Ihrer Ernährung bewußt geworden sind, können Sie auch feststellen, ob die anderen Geschmacksrichtungen vertreten sind oder nicht. Es kostet nicht viel Mühe, die Mahlzeiten so zu planen, daß sie alle oder die meisten Geschmacksrichtungen enthalten. Sie werden erstaunt sein, wie positiv sich dadurch nicht nur Ihre Eßgewohnheiten, sondern Ihr Leben insgesamt verändern. Die Geschmacksrichtungen beeinflussen unsere Gefühle unmittelbar, was auch in der Sprache zum Ausdruck kommt, mit der wir sie beschreiben. »Süße Erinnerungen«, »bitterer Gram« und eine »saure Miene« sind nur einige Beispiele für diesen Zusammenhang. Die Geschmacksrichtungen wirken sich auch auf unseren körperlichen Zustand aus. Einige scharfe Gewürze lassen uns in Schweiß ausbrechen, während der kühle Geschmack der Minze erfrischend wirkt.

Mahlzeiten, die alle sechs Geschmacksrichtungen enthalten, sind emotional und ernährungsphysiologisch eine vollständige und befriedigende Erfahrung für Sie. Ein gutes Ayurveda-Kochbuch kann Ihnen bei der Zusammenstellung der Mahlzeiten helfen, und schon beim Planen werden Sie mehr darauf achten, was Sie essen.

DER SPIRITUELLE WEG

Da Eßstörungen in unserer Gesellschaft so verbreitet sind, wurden sie zum Gegenstand intensiver Forschung sowohl von seiten der Wissenschaft wie auch der Industrie. Ungeheure Gewinne winken jedem, der eine rasch wirksame, leichte Kontrollmethode des schier unstillbaren Heißhungers anbieten kann. Es sind auch schon große Erfolge auf diesem Gebiet erzielt worden, zumindest kurzfristig. Ich möchte jedoch noch einmal betonen, wie wichtig der *ernsthafte Entschluß* und das *spirituelle Bewußtsein* für die dauerhafte Heilung jedes Suchtverhaltens sind.

Die folgende Geschichte zeigt anschaulich die Grenzen eines rein mechanistischen Behandlungsansatzes bei Eßstörungen, wie er von der amerikanischen psychologischen Forschungsrichtung des Behaviorismus (»behavior«: Verhalten) vertreten wird. Diese Methode benutzt die Reaktionen des Organismus auf bestimmte Reize, zum Beispiel, um kontrollierte Verhaltensänderungen herbeizuführen. In ihrem ausgezeichneten Buch »From Chocolate to Morphine« (Von der Schokolade zum Morphium) erzählen Andrew Weil und Winifred Rosen die Geschichte einer jungen Frau, die jahrelang stark abhängig von Schokolade war.

Sie mußte unbedingt mehrmals am Tag Schokolade essen, und in ihrem Leben drehte sich alles nur noch um diesen Zwang. Wenn sie mitten in der Nacht aufwachte und feststellte, daß sie keine Schokolade im Haus hatte, stieg sie ohne Zögern ins Auto und fuhr zu einem Supermarkt, der nachts geöffnet hatte, um ihr Bedürfnis zu befriedigen. Nach einigen Jahren begab sie sich zur Behandlung ihrer Abhängigkeit in eine Spezialklinik für Eßstörungen. Die Therapie entsprach zwar nicht ganz ihren Erwartungen, war jedoch sehr wirksam. Nachdem sie sich zur Teilnahme an zehn Sitzungen in der Klinik verpflichtet hatte, wurde sie gebeten, sich vor einen großen Spiegel zu setzen. Sie erhielt eine bestimmte Menge an Schokolade, und man schnallte ihr eine Vorrichtung um das Handgelenk, die fortlaufend einen geringen, vollkommen schmerzlosen Elektroschock abgab. Dreißig Minuten lang sollte sie sich nun selbst im Spiegel dabei beobachten, wie sie die Schokoladenriegel aß – aber anstatt die Schokolade hinunterzuschlucken, sollte sie jeden Mundvoll auf einen Pappteller spucken. Zunächst schien ihr diese Prozedur etwas unsinnig und zeigte auch während der ersten sieben Sitzungen keine Wirkung. Die Schokoladensucht der jungen Frau blieb so stark wie vorher. Nur weil sie zehn Sitzungen bezahlt hatte, ging sie weiterhin in die Klinik. Nach der achten Sitzung bemerkte sie jedoch ein verringertes Interesse an Schokolade, und obwohl das unglaublich erschien, verschwand ihr Zwang nach der zehnten Sitzung ganz. Einige Jahre sind seither vergangen, und ihre Schokoladensucht ist nicht wiedergekehrt. Bedauerlicherweise ist sie nun kuchensüchtig!

Ich erzähle Ihnen diese Geschichte an dieser Stelle, um sowohl die Möglichkeiten wie auch die Grenzen einer am Reiz-Reaktions-Schema orientierten Behandlung von Eßstörungen und allen anderen Abhängigkeiten zu zeigen. Solche Methoden mögen genial erscheinen, und im engeren Sinne sind sie bei der Behandlung des Problems vielleicht auch wirksam. Aber das Suchtverhalten wird dadurch lediglich unterdrückt, während die zugrundeliegenden spirituellen Bedürfnisse weiterhin unbefriedigt

bleiben. Der Ursprung der Abhängigkeit bleibt davon unberührt und sucht sich unweigerlich ein anderes Ventil.

Die eigentliche Ursache jedes Suchtverhaltens und
eine echte Chance für die positive Entwicklung des Menschen erreichen wir nur über die Spiritualität. In diesem
Zusammenhang führe ich gern das Beispiel eines Menschen an, der im Radio ein Musikstück von Beethoven
hört und dann das Radio auseinandernimmt, um Beethoven zu finden. Beethoven befindet sich jedoch nicht im
Radio. Ebensowenig sind unser Gehirn, das Zentralner-
vensystem, das Verdauungssystem und all die Einzelteile
unseres Körpers in Wahrheit »Einzelteile«. Sie sind vielmehr Ausdrucksformen des höheren Selbst. Durch einen
ernsthaften Entschluß lassen sie sich beeinflussen. Wie
tief eingeschliffen eine Suchtgewohnheit auch zu sein
scheint – angesichts Ihrer inneren spirituellen Kraft wird
sie verschwinden.

5 ANDERE QUELLEN DER ABHÄNGIGKEIT

Bis jetzt haben wir uns mit der Abhängigkeit von verschiedenen Substanzen beschäftigt und gesehen, daß sie fast von Beginn an zur Geschichte der Menschheit gehört. In unserer heutigen Gesellschaft sind jedoch ganz neue Arten von Abhängigkeiten hinzugekommen. Ich möchte an dieser Stelle drei Beispiele dieser besonderen »modernen« Süchte ansprechen. Obwohl diese Verhaltensmuster nichts mit Substanzmißbrauch zu tun haben und nicht unmittelbar lebensbedrohlich sind, weisen sie doch die Merkmale klassischer Suchtformen auf. Aber sie sind wahrscheinlich sogar noch schwerer zu erkennen und zu behandeln. Die Abhängigkeit von Arbeit, von zerstörerischen Beziehungen oder vom Fernsehen verstößt gegen kein Gesetz. Diese Verhaltensweisen machen in dem Sinne süchtig, daß sie einen unverhältnismäßig großen Raum im Leben eines Menschen beanspruchen – oder vielleicht sogar den gesamten.

ARBEIT

Das Wort »Workaholic« ist in aller Munde. Meiner Ansicht nach ist dieser Begriff ungenau. Er legt eine Ähnlichkeit zwischen der Abhängigkeit von Arbeit und der Alkoholabhängigkeit nahe, die jedoch grundverschieden sind.

Zum Beispiel könnte man einen Menschen, der zuviel

trinkt, als jemanden beschreiben, der die Kontrolle verloren hat. Ein Alkoholiker kann sein Verhalten in bezug auf das Trinken nicht kontrollieren. Während die Abhängigkeit vom Alkohol wächst, kommt dieser Kontrollverlust immer offensichtlicher zum Ausdruck: durch Zittern, Hinstürzen, Autounfälle, Schwierigkeiten beim Einschlafen oder Aufwachen und viele andere Anzeichen dafür, daß die körperlichen, geistigen und emotionalen Steuerungssysteme des Menschen nicht mehr richtig funktionieren. Vielleicht entspricht dies sogar einer unbewußten Absicht einiger Alkoholiker, die mit der psychoanalytischen Sicht des Alkoholismus zusammenhängt: als Versuch, mit den unbefriedigten Bedürfnissen aus der Kindheit fertig zu werden. Wenn er die Kontrolle verliert, kehrt der Alkoholiker in einen Zustand zurück, in dem sich andere um ihn kümmern müssen. Den anderen mag das recht sein oder nicht – der außer Kontrolle geratene Alkoholiker erbittet oder verlangt sogar Hilfe bei den einfachsten Lebensaufgaben.

Der sogenannte Workaholic tut etwas ganz anderes. Während der Alkoholismus häufig ein beinahe kindlicher Versuch der Kontaktaufnahme ist, bedeutet das ununterbrochene Arbeiten eine Abwendung von anderen. Es ist ein Rückzug in einen Lebensbereich, der Kontrolle verlangt und in dem die Beherrschung großes Ansehen genießt. Dem Verhalten eines Alkoholsüchtigen liegt vielleicht eine infantile Phantasie zugrunde, der Workaholic dagegen sieht sich als ganz und gar erwachsen an.

Die Kontrollphantasie, die der Arbeitssucht zugrunde liegt, entsteht fast immer aus dem Gefühl, andere Lebensbereiche nicht kontrollieren zu können. Genauer gesagt, der Arbeitssüchtige fühlt sich oft außerstande, mit dem Streß der familiären Beziehungen zurechtzukommen: »Stör mich nicht, ich muß arbeiten!« Dieser Satz bietet eine respektierte oder sogar bewundernswerte Fluchtmöglichkeit. »Mäh den Rasen«, »Bezahl die Rechnungen«, »Bade den Hund« und »Vergiß unseren Hochzeitstag nicht« – all diese Ansprüche werden zum Schweigen gebracht durch die Mitteilung: »Ich arbeite! Das hier ist wirklich wichtig!«

Vor einigen Jahren behandelte ich ein junges Mädchen, das längere Zeit stationär in der Klinik war und mehrmals operiert werden mußte. Die Behandlung war am Ende erfolgreich, aber das Mädchen verbrachte viele Wochen in der Abteilung für Kinderheilkunde, wo die einzige Abwechslung in einem Spaziergang auf dem Flur oder einem Besuch im Spielzimmer der Abteilung bestand. Obwohl die Familie in einer Kleinstadt ein ganzes Stück von der Klinik entfernt wohnte, war die Mutter des Mädchens jeden Tag bei ihm, und der Vater reiste an jedem Wochenende mit dem Flugzeug an, um seine Tochter zu besuchen.

In einem benachbarten Zimmer lag ein anderes Mädchen, dessen Vater praktisch nie auftauchte; offensichtlich war es ausschließlich die Verantwortung der Mutter, diesem Kind während des Klinikaufenthaltes Gesellschaft zu leisten. Jeder in der Abteilung nahm das zur Kenntnis, zumal der Vater ein bekannter und mächtiger Mann in der Unterhaltungsindustrie war, über dessen Transaktionen in Millionenhöhe in der Presse genauestens berichtet wurde.

Während meiner Visiten in der Klinik merkte ich, daß mein Zorn auf den großen Geschäftemacher, der keine Zeit für einen Besuch bei seiner eigenen Tochter fand, immer größer wurde. Es war unglaublich, wie er sich verhielt, und ich ertappte mich dabei, mir vorzustellen, was ich ihm wohl sagen würde, falls ich ihm begegnen sollte. Natürlich begegnete ich ihm tatsächlich. Er besuchte sein

Kind ein einziges Mal, und ich war zufällig anwesend.
Doch mein ganzer Ärger, den ich diesem Mann gegenüber aufgestaut hatte, verflog rasch, als ich ihn schließlich
sah, denn ich merkte sofort, daß er sich in einem Zustand
der Panik befand. Die Zeichen seiner Macht – die Art seiner Kleidung, sein tragbares Telefon, seine Armbanduhr,
seine Frisur – all das galt in dieser Umgebung nicht das
geringste. Hier mußte er seine Wichtigtuerei ablegen,
und das brachte ihn völlig aus der Fassung. Er löste sich
auf. Er fühlte sich unsichtbar. Als er wieder ging, verringerte sich die Spannung spürbar, was der Behandlung seiner Tochter sicher sehr zugute kam.

Ich war immer der Meinung, daß übermäßige Ernsthaftigkeit ein ungesunder Geisteszustand ist. Der Arbeitssüchtige hat in Ernsthaftigkeit viel investiert: Die
Arbeit ist ernsthaft, er nimmt sie ernst, deshalb muß er
sehr ernst genommen werden. In Wahrheit aber ist die
ganze Arbeit eine Flucht vor den Verantwortlichkeiten,
die tatsächlich viel ernster sind, als der Arbeitssüchtige
zugeben will. Wenn Sie jede wache Minute Ihrer Arbeit
widmen, dann sollten Sie sich einmal fragen, ob das wirklich notwendig ist oder ob Sie sich das so ausgesucht
haben. Was würde wohl von Ihnen verlangt, wenn Ihre
Arbeit nicht so ungeheuer wichtig wäre? Sobald Sie sich
auch in anderen Lebensbereichen zu Hause fühlen, brauchen Sie keine Zuflucht mehr in der Arbeit zu nehmen.

SEX

Sex ist in der Geschichte der westlichen Welt derartig ver-
dammt und herabgesetzt worden, daß wir sehr vorsichtig
damit umgehen sollten, das Sexualverhalten eines Menschen zu beurteilen. Aber es gibt zweifellos Menschen,

die in einer Weise mit Sex beschäftigt sind, daß sie dadurch Schwierigkeiten im Leben bekommen. Wir können das als Sexabhängigkeit bezeichnen, sollten uns aber der gefährlichen Neigung bewußt sein, jedes Sexualverhalten zu verurteilen, das von unserem abweicht. Das Sexualverhalten ist sowohl ein beliebtes Ziel für Moralapostel als auch ein wichtiges Problem.

Sexualität ist ein faszinierendes und außerordentlich vielschichtiges Thema. In dem kurzen Abschnitt, den wir der Sexabhängigkeit hier widmen können, beziehe ich mich auf zwei Zustände, die zu diesem Verhalten führen: einmal eine überreizte emotionale und körperliche Verfassung, der man verzweifelt entrinnen will, und zum anderen ein fast entgegengesetzter Zustand, eine flache Landschaft, die etwas Anregung dringend nötig hat.

Das menschliche Nervensystem kann nicht gleichzeitig Schmerz und einen Orgasmus erleben. Da es zum Zeitpunkt des sexuellen Höhepunkts keinen körperlichen und emotionalen Schmerz gibt, folgt daraus, daß mehr Höhepunkte weniger Schmerz bedeuten. Ich erwähne das, weil ich festgestellt habe, daß viele Sexsüchtige unter starken Schmerzen leiden. Häufig handelt es sich um körperliche Schmerzen, besonders bei Männern. Ich habe beobachtet, daß Männer mit chronischen Gesundheitsproblemen überdurchschnittlich oft vom Sex besessen sind. Der große Dichter Lord Byron beispielsweise hatte einen behinderten Fuß und litt sein ganzes, kurzes Leben lang unter starken Schmerzen. Nach heutigem Ermessen würde man Lord Byron auf jeden Fall als sexsüchtig einstufen.

Sex kann auch eine Fluchtmöglichkeit aus emotionalen und körperlichen Schmerzen bieten, nicht nur im Augenblick des Orgasmus, sondern auch während aller Phasen der Suche und Verführung. Sehr häufig wünscht sich ein

Sexsüchtiger nichts sehnlicher, als daß andere ihn *mögen*, aber da er das meist für unmöglich hält, besteht die Alternative darin, *geliebt* zu werden, wenigstens körperlich. Für Menschen, die auf der Flucht vor Schmerzen sexsüchtig werden, bedeutet Sex eine Art Beruhigung. Ihr Nervensystem ist chronisch übererregt – ayurvedisch ausgedrückt: *Vata* ist stark im Ungleichgewicht –, und der Sex dient dem Zweck, ihr inneres Feuer zu löschen, nicht anzufachen.

Eine zweite Art der Sexsucht ergibt sich aus einem Mangel an Erregung, der in Depression gipfelt. Ein Ausweg aus einer scheinbar sinnlosen Existenz muß gefunden werden, und Sex scheint ein solcher Ausweg zu sein. Ich hatte einmal einen Bekannten, der seine Sexsucht heilen konnte, nachdem ihm dies klar geworden war. Er hatte einen jener spirituellen Momente, die meiner Ansicht nach fast unerläßlich sind, wenn man sich aus Abhängigkeiten befreien will. Dieser Mann hatte so viel Geld geerbt, daß er seine ganze Zeit den Frauen widmen konnte. Er bevorzugte Affären, in die er seine ganze Erfindungsgabe, eine heiße Verfolgungsjagd und Reisen über alle Kontinente hinweg investieren mußte. Als er eines Tages auf einem Boot die griechischen Inseln nach einer bestimmten Frau absuchte, wurde er von einer überwältigenden Erkenntnis getroffen. Zum ersten Mal erkannte er, daß es nicht um die Frau ging, sondern um die Intensität, das Planen und die Zielrichtung, die das Ganze seinem Leben verlieh. Außer Sex und dem ganzen Drum und Dran hatte er nichts anderes gefunden, was er mit seinem Leben hätte anfangen können.

Sex kann alles oder nichts bedeuten. Vielleicht ist es am besten, wenn seine Bedeutung irgendwo dazwischen liegt.

FERNSEHEN

Das Fernsehen wurde in den zwanziger Jahren erfunden, und innerhalb von zehn Jahren war dieses Medium technisch voll ausgereift. Schon vor fünfzig Jahren konnte das Fernsehen alles leisten, was es auch heute bietet, aber der Zweite Weltkrieg verzögerte seine Verbreitung in der Bevölkerung. Als sich das schließlich in den vierziger und frühen fünfziger Jahren änderte, wurde das Fernsehen fast über Nacht äußerst beliebt. Gleichzeitig mit dem Auftauchen der Fernsehgeräte in den Wohnzimmern setzte ein tiefgreifender Wandel im Lebensstil unzähliger Menschen ein. Diese Veränderungen dauern bis heute an und haben sich sogar beschleunigt.

Millionen von Menschen sehen heute bis zu acht Stunden täglich fern. Erfüllt das die Merkmale des Suchtverhaltens? Dafür gibt es tatsächlich zahlreiche Hinweise. Wir haben beispielsweise gesehen, daß das Auftreten von Entzugssymptomen ein Abhängigkeitsmerkmal ist, und ganz offensichtlich ruft das Fernsehen derartige Symptome hervor. In zwei Untersuchungen erhielten Familien monatlich größere Geldbeträge dafür, daß sie *nicht* fernsahen. Beide Studien mußten vorzeitig abgebrochen werden, weil die Teilnehmer den Entzug einfach nicht ertragen konnten. Andere Studien belegen, daß sich bei schwerer Abhängigkeit die Symptome des Fernsehentzugs, ähnlich wie bei Heroin, nach fünf bis sieben Tagen verstärken. Zu diesen Symptomen gehören Aggressionsgefühle, Angstzustände, Depression und Schwierigkeiten, etwas mit der nunmehr verfügbaren Zeit anzufangen. Personen, denen es gelang, ihre Augen eine Woche lang nicht auf den Bildschirm zu richten, fühlten sich anschließend mit ihrer neuen Lebensweise wohl.

Ein weiterer Hinweis auf Abhängigkeitsverhalten ist das damit verbundene Schuldgefühl, das die Sucht eher zu verstärken als zu unterdrücken scheint. In einer Untersuchung von Freizeitaktivitäten rief das Fernsehen als einzige Schuldgefühle hervor. Andere Freizeitaktivitäten erzeugten um so mehr Vergnügen, je länger sie ausgeübt wurden, nur das Fernsehen erzeugte Schuldgefühle und keine Freude.

Es gibt noch viele andere Parallelen zwischen gewohnheitsmäßigem Fernsehen und anderem Suchtverhalten. Ebenso wie das Rauchen ist es am stärksten bei den armen Bevölkerungsschichten verbreitet. Wie Heroin und andere Narkotika bietet es eine Phantasiewelt, die mit der Zeit für den Zuschauer zu einer alternativen Wirklichkeit werden kann. Und wie alle anderen Suchtformen entspringt es einem Mangel an echtem Vergnügen, wahrer Freude und Erfüllung in anderen Lebensbereichen.

Weshalb sehen die Leute viele Stunden täglich fern? Untersuchungen gewohnheitsmäßiger Fernsehzuschauer haben vier grundlegende Motive herausgefunden: den Wunsch, der Langeweile des Alltags zu entkommen; den Wunsch nach Gesprächsstoff; das Vergnügen daran, auf dem Bildschirm Menschen und Ereignisse zu sehen, mit denen sie die eigenen Erfahrungen vergleichen können; und den Wunsch, über die Neuigkeiten und Ereignisse auf der Welt auf dem laufenden zu sein. Bis vielleicht auf den letzten Punkt weisen alle Beweggründe deutlich auf die Einsamkeit und Verarmung des wirklichen Lebens der abhängigen Zuschauer hin.

Sobald es in Ihrem Leben wirkliche Schönheit und Abenteuer gibt, müssen Sie es nicht mehr künstlich dramatisieren, indem Sie sich mit Figuren aus Comedy-Serien oder Seifenopern vergleichen. Nur wenn Ihr Alltag größtenteils aus Langeweile besteht, bieten die vorfabrizierten Abenteuer der Serienheldinnen und -helden eine Alternative.

Ein bekannter Psychoanalytiker hat Langeweile als »Wunsch nach dem Wunsch« definiert. Wir sind gelangweilt, wenn wir wissen, daß wir etwas wollen, aber nicht genau wissen, was. Wir sollten die Antwort nicht in den Fernsehprogrammen suchen, sondern lernen, unsere wahren Bedürfnisse zu erkennen und Wege zu finden, sie dadurch zu befriedigen, was wir täglich tun. Dazu brauchen wir weder viel Geld, noch Intelligenz oder eine außergewöhnliche Begabung. Jeder hat die Fähigkeit, sich echte Freude im Leben zu verschaffen: Als Kinder haben wir alle das gekonnt, und auch wenn wir vielleicht viele Jahre lang keinen Kontakt zu ihr haben, ist die schöpferische Fähigkeit zur Freude doch immer in uns vorhanden. Sie wartet nur darauf, von uns wiederentdeckt und erforscht zu werden.

Eines der interessantesten Phänomene des Fernsehens ist die Art und Weise, wie es Dinge kleiner aussehen läßt. Fast alles, was auf dem Bildschirm erscheint, ist gegenüber der wirklichen Welt an Größe verringert. Das gilt in gewissem Sinne für jedes Suchtverhalten: Es verkleinert und verengt unsere Erfahrung der Welt. Süchte erfordern Zeit, Geld, geistige Energie und sogar Liebe, die sich auf andere Weise ausdrücken könnten und sollten. In den verbleibenden Kapiteln dieses Buches werden Sie einige ayurvedische Techniken kennenlernen, mit denen Sie Ihre Fähigkeit entfalten können, vollkommen an der Welt teilzuhaben und spirituelle Freude zu erfahren.

TEIL III

WEGE IN DIE UNABHÄNGIGKEIT

1 BEFREIUNG AUS DER SUCHT

Am Anfang dieses Buches habe ich gesagt, daß ein Süchtiger ein Mensch auf der Suche nach Lebensfreude ist. Aber er hat sich an den falschen Orten umgesehen und ist dort von seinem Weg abgekommen, manchmal sogar viele Jahre lang. Einige dieser Irrwege haben wir in Teil II (»Wie wir die Abhängigkeit erleben«) untersucht. Alles, was wir bisher angesprochen haben, diente der Vorbereitung auf die Gedanken und Techniken, die ich Ihnen auf den folgenden Seiten vorstellen möchte. Mit anderen Worten, wo auch immer Sie sich bisher aufgehalten haben, jetzt sind Sie am »richtigen Ort« angekommen!

Obwohl sie völlig unterschiedliche Bereiche ansprechen, repräsentieren die Themen, um die es nun geht – Meditation, Körperübungen, eine *Vata*-ausgleichende Ernährungsweise und tägliche Aktivitäten, die Freude bereiten – nur verschiedene Wege zum gleichen Ziel. Wenn ich dieses Ziel so kurz wie möglich beschreiben sollte, würde ich es *vollkommene Gesundheit* nennen. Das ayurvedische Konzept vollkommener Gesundheit beruht auf der Vorstellung, daß Körper, Geist und Seele eine Einheit sind. Und deshalb erreichen wir vollkommene Gesundheit, sobald die körperliche, geistige und seelische Seite unseres Wesens wirksam und harmonisch zusammenarbeiten. Der Zweck der im folgenden vorgestellten Ratschläge und Methoden – wie der des Ayurveda insgesamt – besteht darin, Ihnen zu helfen, damit Sie die

Möglichkeiten, die Ihnen die Natur geschenkt hat, entdecken, nutzen und sich daran erfreuen, um das Ziel – vollkommene Gesundheit – Wirklichkeit werden zu lassen.

Die Ergebnisse des Fragebogens zu den Konstitutionstypen zeigen Ihnen Ihr dominantes *Dosha*. In einem grundlegenden Sinn beschreibt es, wer Sie sind, Ihren Körper, Ihre Gefühle. Das einzigartige Gleichgewicht der *Doshas* wurde für jeden Menschen bei seiner Geburt individuell festgelegt. Im Sanskrit heißt dieser Balance-Punkt, unser Idealzustand, *Prakriti*, was wörtlich übersetzt »Natur« bedeutet. Belastungen aller Art können Abweichungen von der natürlichen, harmonischen Verfassung Ihres Systems verursachen. Daraus ergibt sich ein Ungleichgewicht, ein gestörter Zustand, der *Vikriti* genannt wird. Obwohl Ihre ursprüngliche Natur unverändert und Ihr dominantes *Dosha* das gleiche geblieben ist, kann Ihr gegenwärtig unausgeglichener Zustand bedeuten, daß zur Zeit ein anderes *Dosha* einen ungünstig starken Einfluß ausübt. Besteht schon seit einiger Zeit eine Abhängigkeit, ist praktisch immer *Vata* das übermäßig einflußreiche *Dosha*. Selbst Menschen, die von Natur aus *Vata*-Typen sind, können unter einem *Vata*-Ungleichgewicht leiden. Da *Vata* einen destabilisierenden Einfluß auf die meisten Abhängigkeitskranken hat, zielen die in diesem Abschnitt vorgestellten Techniken darauf ab, das *Vata-Dosha* zu beruhigen. Sobald das erreicht ist und Ihr Organismus sich wieder seinem natürlichen *Prakriti*-Zustand annähert, können Sie Ihre Ernährungsweise, die täglichen Körperübungen und die anderen Aspekte des ayurvedischen Tagesablaufs so verändern, daß sie nicht mehr darauf ausgerichtet sind, speziell *Vata* wieder ins Gleichgewicht zu bringen. Wenn Sie mehr darüber wissen wollen, empfehle ich Ihnen mein Buch

»Die Körperseele« oder einen Besuch bei einem ayurvedischen Arzt.

Obwohl alle auf den folgenden Seiten vorgestellten Ansätze bei der Behandlung von Abhängigkeitsverhalten sehr erfolgreich sein können, möchte ich die besondere Bedeutung der Meditation hervorheben. Allen Suchtgewohnheiten ist eines gemeinsam: Ihre Macht hängt von etwas Äußerlichem ab, das aus der Umgebung kommt, das nicht zum Selbst gehört. Ob es sich um ein Pulver, eine Flüssigkeit oder ein Gerät handelt – Sie wurden jedenfalls nicht damit geboren, sondern müssen es suchen, kaufen, trinken oder schlucken. Im Gegensatz dazu kommt Meditation ausschließlich von innen. Sie besitzen bereits alles, was Sie zum Meditieren brauchen. Sie hatten es bereits, als Sie zur Welt kamen. Niemand kann es Ihnen verkaufen, und niemand kann es Ihnen wegnehmen. Meditation ist das Gegenteil, die Antithese allen Suchtverhaltens, und ich bitte Sie eindringlich, dem folgenden Kapitel über Meditation besondere Beachtung zu schenken.

2 DIE INNERE RUHE WIEDERFINDEN

Wir haben gesehen, in welcher Weise ein Abhängigkeitsverhalten der Versuch sein kann, eine Reihe ganz unterschiedlicher Bedürfnisse zu befriedigen und wie diese Bedürfnisse sich je nach Konstitutionstyp unterscheiden. Ein Mensch mit *Vata*-Dominanz trinkt Alkohol zur Entspannung. Für den *Pitta*-Typ stellt das Trinken eine Möglichkeit dar, seine Selbstbeherrschung zu erproben und zu demonstrieren, während es bei einem *Kapha*-Menschen auf Depressionen und den Rückzug von seiner Umwelt hinweist. Aus ayurvedischer Sicht unterscheidet sich das Meditieren ganz wesentlich von all diesen Zielen – entgegen der weitverbreiteten Ansicht, Meditation diene im Grunde der Entspannung. Einer der bemerkenswertesten Aspekte der Meditation besteht vielmehr in ihrer Kraft, scheinbar ganz unterschiedliche Bewußtseinszustände in einer einzigen Erfahrung zu vereinen. Ich bezeichne diese Erfahrung als *ruhevolle Wachheit*.

Das Wort *ruhevoll* ist vermutlich einfach zu verstehen, aber wie steht es mit *Wachheit*? Wachheit inwiefern? Um das zu beantworten, müssen wir uns kurz damit befassen, wie unser Geist im täglichen Leben arbeitet. Als erstes fällt uns vielleicht auf, daß der Geist *ständig* aktiv ist. Ein Gedanke führt zum nächsten, und so geht das ununterbrochen weiter, von morgens bis abends. Erinnerungen, Wünsche, Streben nach Glück und Vermeiden von Schmerz – die meisten Menschen kennen keinen einzigen Moment innerer Ruhe, ja sie fürchten sich vielleicht sogar vor einem Innehalten des »Bewußtseinsstroms«.

Obwohl wir also daran gewöhnt sind, unablässig Gedanken zu haben, gibt es eine weitere, ganz andere Erfahrung, die die meisten von uns kennen, und sie kann uns dabei helfen, den Ausdruck »ruhevolle Wachheit« zu verstehen.

Stellen Sie sich vor, Sie erwachen aus tiefem Schlaf. Sie öffnen die Augen und brauchen einen Augenblick, bis Sie sich besinnen, wo Sie sind. Eine oder zwei Sekunden lang wissen Sie vielleicht nicht einmal, *wer* Sie sind. Ganz allmählich jedoch fangen Gedanken und Sinne an, wieder zu arbeiten: Ihre Persönlichkeit, Ihre Erinnerungen, Ihre Pflichten an diesem Tag, Ihre Gefühle für die verschiedenen Menschen in Ihrem Leben – alles ist wieder da. Zweifellos gab es jedoch einen Augenblick lang jemanden, der irgendwie getrennt von Ihnen war. Er existierte lediglich als Beobachter, unabhängig von den Gedanken und Gefühlen, die Sie normalerweise durch den Tag geleiten. Meditation kann Ihnen dabei helfen, die Existenz dieses wundersamen stillen Beobachters zunächst zu entdecken und dann regelmäßig Zugang zu ihm zu gewinnen. Allmählich lernen Sie, diesen Zustand ruhevoller Wachheit als eine Art inneren Kompaß oder Zentrierungspunkt kennen, als einen Ort der Kraft, von dem aus die Spiritualität in alle Lebensbereiche einfließt. Von nun an wird sich das geistige Gewirr ihrer täglichen Gedanken zu der klaren Harmonie wandeln, die Ihr eigentliches Wesen ist.

Im Lauf der Zeit haben viele Untersuchungen die positiven Auswirkungen der Meditation auf Gesunde und Kranke aus allen Lebensbereichen nachgewiesen, von Krebspatienten bis zu Profisportlern. Die einfache, aber höchst wirkungsvolle Technik, die ich Ihnen hier vorstelle, kann Ihnen von großem Nutzen sein, um das

Gleichgewicht für Ihren Organismus wiederzufinden und die Verbindung zu Ihrem höheren Selbst herzustellen.

ATEM-MEDITATION

Anders, als Sie vielleicht vermuten, setzen viele Meditationsformen weder besondere Kenntnisse noch die Unterweisung durch einen Lehrer voraus. Die hier beschriebene Methode erfordert lediglich ein konzentriertes und dennoch distanziertes Bewußtsein für den Atemvorgang; mit anderen Worten, eine *aufmerksame* Haltung gegenüber Ihrer Atmung.

Wenn Ihnen das zu einfach erscheint, denken Sie einmal darüber nach, was tatsächlich geschieht, wenn Sie atmen. Bei jedem Einatmen nimmt Ihr Körper Milliarden von Atomen auf, kleinste Bruchteile des Universums, die im Lauf der Jahrhunderte schon durch zahllose andere Lebewesen hindurchgegangen sind und das auch weiterhin tun werden, auch lange, nachdem Sie nicht mehr da sind. In diesem Sinne ist das Atmen ein Akt des Miteinander-Teilens, ein biologischer Prozeß, der uns mit der Vergangenheit und der Zukunft unserer eigenen Spezies und allen anderen Lebewesen verbindet.

Um die Bedeutung der Atmung auf der Ebene Ihrer alltäglichen Erfahrung zu verstehen, denken Sie an die enge Beziehung zwischen der Art, wie Sie atmen, und der Art, wie Sie sich fühlen, körperlich und seelisch. Wenn Sie Angst haben oder erschöpft sind, atmen Sie rascher, der einzelne Atemzug wird flacher. Aber wenn Sie entspannt sind, atmen Sie ruhig und tief und fühlen sich daher noch entspannter. Atmen ist die Schnittstelle zwischen den biologischen und spirituellen Elementen unseres Wesens. Die Atem-Meditation ist ein sehr wirksames

Mittel, um diese Elemente zu einer einzigen Ganzheit zusammenzuführen.

Üben Sie die Atem-Meditation zweimal täglich aus, morgens und am frühen Abend. Jede Sitzung sollte zwanzig bis dreißig Minuten dauern. Sobald Ihre Erfahrung im Meditieren wächst, wird Ihr Geist ruhig, und Sie erfahren den Zustand ruhevoller Wachheit, der jedem Gedanken vorausgeht. Die Anspannungen und Belastungen des Suchtverhaltens werden auf natürliche Weise abnehmen, da sich eine neue Quelle des Friedens, der Freude und innerer Stärke erschlossen hat.

Atem-Meditation

1. Reservieren Sie eine Zeit für sich, in der Sie nicht unterbrochen werden und keine anderen Verpflichtungen haben.

2. Sitzen Sie in einem ruhigen Raum ohne Verkehrslärm oder andere Ablenkungen bequem auf dem Boden oder auf einem Stuhl mit gerader Lehne. Schließen Sie die Augen.

3. Atmen Sie normal, aber achten Sie auf den Atemrhythmus. Ohne den Atem zu kontrollieren oder zu beeinflussen, achten Sie darauf, wie die Luft in den Körper ein- und wieder ausströmt.

4. Wenn Sie bemerken, daß die Atmung schneller oder langsamer wird oder für einen Augenblick sogar vollständig aufhört, beobachten Sie das ohne Widerstand oder Unterstützung. Lassen Sie den natürlichen Rhythmus von selbst zurückkehren.

5. Wenn Sie von Gedanken abgelenkt werden oder auf andere Weise unkonzentriert sind, wehren Sie sich nicht dagegen. Kehren Sie mit Ihrer Aufmerksamkeit ganz natürlich wieder zum Atmen zurück.

6. Setzen Sie die Meditation zwanzig oder dreißig Minuten fort. Danach bleiben Sie noch ein paar Minuten mit geschlossenen Augen sitzen, damit Sie ganz allmählich zum Alltagsbewußtsein zurückkehren können.
7. Öffnen Sie die Augen langsam, nehmen Sie Ihre Umgebung bewußt mit allen Sinnen wahr.

URKLANG-MEDITATION

Nachdem Sie die positiven Auswirkungen der täglichen Meditation erfahren haben, möchten Sie vielleicht mehr über andere Meditationstechniken wissen. Einige Meditationsformen benutzen Silben des Sanskrit-Alphabets, aus denen *Mantras* oder Urklänge gebildet werden. Sie werden wiederholt und verfeinern das Bewußtsein. Diese Methode erlernt man in Kursen, die von speziell ausgebildeten Lehrern abgehalten werden. Im Unterricht erhält jeder Kursteilnehmer ein persönliches *Mantra*, das seinen individuellen Bedürfnissen entspricht. (Vgl. die Informationsadresse auf S. 172.)

3 AUF DIE SIGNALE
   DES KÖRPERS HÖREN

Das eigentliche Ziel der körperlichen Bewegung besteht darin, Körper, Geist und Seele zu stärken. Viele Menschen verstehen jedoch darunter wettkampforientierte oder sehr anstrengende Sportarten, die natürlich ungeeignet sind, wenn das Gleichgewicht des Körper-Geist-Systems durch Suchtverhalten gestört ist. Wenn Drogen, Alkohol, ungesunde Eßgewohnheiten oder vielleicht eine Kombination aus allem Sie dazu gebracht haben, Ihr Leben hauptsächlich im Sitzen zu verbringen, dann sollten Sie Ihrem Körper zunächst keine plötzlichen oder übertriebenen Leistungen abverlangen. Auch wenn Sie sich durch Arbeit bis an die Grenzen Ihrer Kraft getrieben haben, wird eine maßvolle körperliche Bewegung für Sie am besten sein.

Betrachten Sie den Ausgleichssport als eine Möglichkeit zum *Verstehen*. Achten Sie, während Sie Ihren Körper bewegen, auf alles, was Sie in Ihren Gliedern spüren, und beginnen Sie, diese Empfindungen zu deuten. Was erfahren Sie über sich selbst, ihren Körper, Ihre Gefühle? Wenn Sie bereits längere Zeit an einem Suchtverhalten leiden, werden Sie vermutlich feststellen, daß Sie nicht gut in Form sind. Sie merken vielleicht, daß Sie zu rasch aufhören oder zu lange weitermachen wollen. Diese Einsichten sind ebenso wichtig wie die Auswirkungen der körperlichen Betätigung auf Ihre Muskeln und Sehnen. Diese Gedanken zeigen, daß Sie die Zwiesprache mit

Ihrem körperlichen Selbst wiederaufgenommen haben,
eine Zwiesprache, die aufgrund der *Vata*-Störung infolge
irgendeiner Abhängigkeit vielleicht schon vor langer Zeit
eingestellt worden war.

ALLGEMEINE RATSCHLÄGE

Benutzen Sie die drei folgenden Hinweise als Richt-
schnur zu Beginn Ihres Übungsprogramms. Selbst wenn
Sie schon einige praktische Erfahrung gesammelt haben,
können sie Ihnen immer noch sehr nützlich sein. Sie unterscheiden sich wesentlich von der wettkampforientier-
ten »Arbeitsmoral«, die beim Sport häufig im Vordergrund steht. Aus ayurvedischer Sicht sind diese Leitlinien
von entscheidender Bedeutung, damit außer dem Körper
auch Geist und Seele gestärkt werden.

- *Schöpfen Sie Ihre Leistungsfähigkeit nur zu fünfzig
  Prozent aus.*
  Die meisten Menschen befürchten, sie hätten sich
  nicht genug verausgabt; zu viel Erschöpfung ist jedoch
  nicht besser als zu wenig. Selbst wenn Sie eine Weile
  keinen Sport getrieben haben, werden Sie Ihre Leistungsfähigkeit ziemlich genau einschätzen können,
  sobald Sie wieder anfangen, sich körperlich zu bewegen. Nach fünf Bahnen haben Sie vielleicht das Gefühl,
  Sie könnten notfalls auch zwanzig Bahnen schwim-
  men – in diesem Fall sollten Sie nach zehn Bahnen
  aufhören. Denken Sie daran: Das Ziel körperlicher
  Betätigung ist nicht Erschöpfung, sondern mehr Energie und Ausdauer. Während sich Ihre Kondition ver-
  bessert, steigen auch die fünfzig Prozent Ihrer Leistungsfähigkeit ganz natürlich, so daß dieses Prinzip

Sie keineswegs daran hindert, eine hohe Leistungsfähigkeit zu erreichen.

• *Versuchen Sie, täglich zu üben.*
Wenn Sie sich nicht mehr darauf freuen – wenn Sie
sich nach drei oder vier Tagen, an denen Sie täglich
Sport getrieben haben, ausgebrannt fühlen –, haben
Sie sich wahrscheinlich mehr als fünfzig Prozent zuge-
mutet. Ein Übungsprogramm muß Spaß machen und
das Wohlbefinden steigern, wenn es über längere Zeit
fortgeführt werden soll. Ersetzen Sie das Motto »Ohne
Schweiß, kein Preis« durch »Ohne Schweiß – höchster
Preis«, und profitieren Sie von der körperlichen Bewegung, ohne Ihre Energiereserven zu erschöpfen.

• *Achten Sie auf die Atmung und das Schwitzen. Es sind
Gradmesser für die Leistungsintensität.*
Wenn Sie während der körperlichen Bewegung durch
den Mund atmen müssen, ist das ein Zeichen dafür,
daß Sie sich zu sehr anstrengen. Keuchendes Atmen
und heftiges Schwitzen zeigen, daß der Körper zu stark
beansprucht wird. An der Atemfrequenz erkennen Sie
die Wirkung der körperlichen Betätigung. Wenn Sie
ohne Anstrengung langsam und tief atmen, bewegen
Sie sich richtig.

WELCHER SPORT IST FÜR MICH DER BESTE?

Nach ayurvedischem Verständnis ist jeder Mensch einzigartig, und die Gültigkeit dieser Aussage wird bei Körperübungen besonders deutlich. Ebenso wie es kein Medikament gibt, daß bei allen Menschen gleich gut wirkt, gibt
es auch kein für jeden geeignetes Übungsprogramm.

Dennoch lassen sich einige prinzipielle Aussagen treffen, die für jeden der drei grundlegenden Konstitutionstypen allgemein gelten.

Kapha-Menschen profitieren generell von körperlichen Tätigkeiten, die Kraft und Ausdauer erfordern. Da sie oft einen schweren, muskulösen Körperbau haben, können *Kaphas* sich ruhig fordern und sollten ihrer natürlichen Neigung zu einer trägen Lebensweise widerstehen. *Pitta*-Typen hingegen neigen dazu, ihren Körper zu überfordern. Ist *Pitta* Ihr dominantes *Dosha*, sollten Sie sich entspannenden Tätigkeiten zuwenden, die mehr im Freizeitbereich angesiedelt als auf Wettkampf ausgerichtet sind. Für *Vata*-Typen ist leichte körperliche Bewegung am besten. Wie wir gesehen haben, ist das auch deshalb besonders wichtig, weil jedes Suchtverhalten – unabhängig von der normalen *Dosha*-Zusammensetzung eines Menschen – fast immer ein *Vata*-Ungleichgewicht erzeugt.

Kürzere Wanderungen, leichtes Aerobic und radfahren wirken *Vata*-ausgleichend; am besten eignen sich jedoch Yoga-Übungen. Yoga wird vielfach immer noch mit anstrengenden Stellungen, Trance und einer asketischen Lebensweise in Verbindung gebracht, doch das sind Mißverständnisse. Yoga bedeutet auf Sanskrit »Einheit«, und sein eigentlicher Zweck liegt darin, aus Körper, Geist und Seele eine Einheit zu formen. Yoga-Übungen wirken positiv auf die Muskeln und das Herz-Kreislauf-System, verringern Angstzustände und verbessern die Konzentrationsfähigkeit. Deshalb eignet sich Yoga besonders dazu, *Vata* zu beruhigen.

Aufgrund seiner Verwandtschaft mit den Elementen Luft und Raum wird *Vata* durch solche Yoga-Haltungen beruhigt, die eine »erdende« Wirkung haben, indem sie den Körper aus der Mitte vornüber beugen oder den

Kopf nach unten zum Boden bringen. Diese Stellungen sollten langsam und entspannt nacheinander eingenommen werden. Wie bei jeder Yoga-Übung ist auch hier die richtige Atmung ebenso wichtig wie die Stellung selbst. Versuchen Sie, tief und rhythmisch durch die Nase zu atmen. Mit Hilfe der Atmung können Sie ein Gefühl der Balance, Ruhe und inneren Stärke erzeugen.

Vata-ausgleichende Stellungen

Vergessen Sie nicht, sich während der Übungen zu entspannen und die Stellungen ohne Anstrengung einzunehmen. Zwingen Sie sich nicht dazu, bei jeder Stellung perfekt zu sein. Strecken Sie Ihren Körper einfach nur bis zu dem Punkt, an dem Sie einen leichten Druck verspüren. Im Lauf der Zeit wächst Ihre Geschmeidigkeit auf natürliche Weise.

VORWÄRTSBEUGEN IM STEHEN
(PADAHASTASANA):

Stellen Sie sich bequem aufrecht hin, und lassen Sie die Arme locker seitwärts hängen. Während Sie einatmen, heben Sie langsam die Arme, strecken Sie sie nach oben über den Kopf. Biegen Sie den Kopf nach hinten, bis Sie ein leichtes Ziehen spüren, und wenden Sie das Gesicht aufwärts.

Halten Sie die Ellenbogen gerade und die Hände ausgestreckt. Beim Ausatmen beugen Sie sich vornüber, und versuchen Sie, den Boden zu Ihren Füßen zu berühren. Beugen Sie sich nur so weit, wie es angenehm ist, die Knie müssen dabei nicht durchgestreckt sein. Zählen Sie bis fünf, während Sie in dieser gebeugten Stellung blei-

ben. Dann richten Sie sich wieder auf und atmen tief ein.
Wiederholen Sie die Stellung drei- bis fünfmal.

DER DIAMANTSITZ
(VAJRASANA)

Knien Sie sich hin, und setzen Sie sich auf Ihre Fersen.
Die großen Zehen liegen ganz bequem so, daß die Fuß-
sohlen nach oben zeigen. Strecken Sie die Wirbelsäule,
und halten Sie den Kopf gerade. Legen Sie die Hände mit
den Handflächen nach oben auf die Knie.

Schließen Sie die Augen, und atmen Sie tief und
gleichmäßig. Bleiben Sie in dieser Stellung mindestens
dreißig Sekunden oder solange es angenehm ist.

DIE KOPF-AUF-KNIE-STELLUNG
(JANU SIRASANA)

Setzen Sie sich auf den Boden, und strecken Sie die Beine aus. Beugen Sie das linke Knie, und setzen Sie die linke Fußsohle flach an die Innenseite des rechten Oberschenkels. Beim Ausatmen beugen Sie sich nach vorn und versuchen, mit beiden Händen den rechten Fuß zu umfassen. Strengen Sie sich nicht an. Falls nötig, können Sie das rechte Knie etwas anwinkeln. Dehnen Sie den Brustkorb, und machen Sie keinen Buckel.

Atmen Sie normal, und verharren Sie in dieser Stellung, während Sie bis fünf zählen. Richten Sie sich wieder auf, und wiederholen Sie die Übung auf der anderen Seite. Wiederholen Sie die Übung auf jeder Seite drei- bis fünfmal.

DIE WACHE RUHELAGE
(SAVASANA)

Legen Sie sich auf den Rücken. Lassen Sie die Arme mit den Handflächen nach oben neben sich ruhen. Schließen Sie die Augen, und versuchen Sie, jeden Körperteil vollständig zu entspannen. Atmen Sie tief und rhythmisch, und fühlen Sie, wie die Spannung aus Ihren Muskeln weicht. Sie können in dieser Ruhelage bleiben, solange Sie wollen – je länger, desto besser. Echte Entspannung ist eine Kunst, und mit zunehmender Erfahrung wird es Ihnen immer besser gelingen.

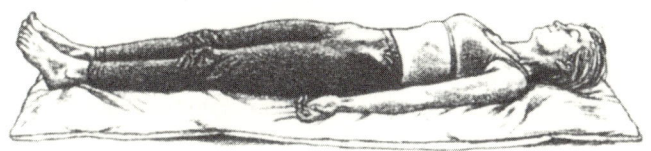

SPÜREN SIE IHREN ATEM

Atmen ist ein Vorgang, der uns innig mit dem Universum verbindet. Mit jedem Atemzug tauschen wir Milliarden von Atomen mit unserer Umgebung aus. Das Geist-Körper-System nimmt Energie auf und gibt Stoffwechselschlacken ab. Durch die beiden hier vorgestellten Übungen können Sie mittels Ihrer Atmung ein gestörtes *Vata* beruhigen. Wenden Sie sie bei Unruhe, Aufregung oder zur Beruhigung des Geistes vor dem Einschlafen an.

Atemübung (Nadi Shodhana)

Setzen Sie sich bequem auf einen Stuhl mit gerader Rückenlehne, stellen Sie Ihre Füße flach auf den Boden. Legen Sie den Daumen Ihrer rechten Hand neben das rechte Nasenloch, den Ring- und den Mittelfinger neben das linke Nasenloch.

Verschließen Sie das rechte Nasenloch behutsam mit Ihrem Daumen, während Sie langsam durch das linke Nasenloch ausatmen. Atmen Sie dann auch durch das linke Nasenloch leicht wieder ein.

Verschließen Sie jetzt mit Ring- und Mittelfinger die linke Nasenöffnung, und atmen Sie durch das rechte Nasenloch aus. Dann atmen Sie durch das rechte Nasenloch leicht wieder ein.

Verschließen Sie jetzt noch einmal die rechte Nasenöffnung mit dem Daumen, und atmen Sie langsam durch das linke Nasenloch aus. Atmen Sie dann durch das linke Nasenloch leicht wieder ein.

Verschließen Sie das linke Nasenloch mit Ring- und Mittelfinger, und atmen Sie durch das rechte Nasenloch wieder aus. Anschließend atmen Sie durch das rechte Nasenloch leicht wieder ein.

Wiederholen Sie diese Übung innerhalb von vier bis fünf Minuten dreimal mit jedem Nasenloch.

Die Hummel (Bhrimari)

Setzen Sie sich bequem auf einen Stuhl, halten Sie die Wirbelsäule gerade, und setzen Sie die Füße flach auf den Boden. Atmen Sie tief ein. Während Sie durch die Nase wieder ausatmen, erzeugen Sie weit hinten in der Kehle einen leisen, summenden Laut.

Wenn Sie vollständig ausgeatmet haben, atmen Sie

wieder ein, und wiederholen Sie den summenden Laut beim Ausatmen.

Wiederholen Sie diese Übung fünfmal im Laufe von zwei bis drei Minuten.

4 NAHRUNG, DIE IHNEN BEKOMMT

Wenn Sie sich langsam von einem Abhängigkeitsverhalten erholen, ist eine Ernährungsweise, die das *Vata-Dosha* ausgleicht, besonders wichtig. Beachten Sie bitte die folgenden Empfehlungen:

1. Bevorzugen Sie warme, gehaltvolle und fetthaltige Speisen. Meiden Sie kalte, trockene und leichte Speisen.
2. Bevorzugen Sie süße, saure und salzige Speisen. Meiden Sie scharf gewürzte, bittere und herbe Speisen.
3. Essen Sie ruhig viel auf einmal, aber nicht mehr, als Ihre Verdauung bequem bewältigen kann.

BESONDERE EMPFEHLUNGEN

- *Milchprodukte:* Alle Milchprodukte beruhigen *Vata*.
- *Süßmittel:* Bei maßvoller Verwendung beruhigen alle Süßmittel *Vata*.
- *Öl:* Alle Öle wirken *Vata*-dämpfend.
- *Getreide:* Reis und Weizen sind sehr gut. Eingeschränkt werden sollen: Gerste, Mais, Hirse, Buchweizen, Roggen und Hafer
- *Obst:* Bevorzugen Sie süße, saure und gehaltvolle Früchte wie Orangen, Bananen, Avocados, Trauben, Kirschen, Pfirsiche, Melonen, Beerenobst, Pflaumen,

Ananas, Mangos und Papayas. Essen Sie wenig herbes
Obst wie Äpfel, Birnen, Granatäpfel, Preiselbeeren
und Trockenobst.

- *Gemüse:* Rote Beete, Gurken, Möhren, Spargel und
  Süßkartoffeln sind gut. Sie sollten aber gegart und
  nicht roh verzehrt werden. Die folgenden Gemüsesor-
  ten sind als Kochgemüse in mäßigen Mengen unbe-
  denklich, besonders wenn sie mit *Ghee* (Butterreinfett)
  oder Öl und mit *Vata*-reduzierenden Gewürzen und
  Kräutern zubereitet werden: Erbsen, Brokkoli, Blu-
  menkohl, Sellerie, Zucchini und grüne Blattgemüse.
  Keimlinge und Kohl sollte man besser meiden.
- *Gewürze:* Kardamom, Kreuzkümmel, Ingwer, Zimt,
  Salz, Nelken, Senfkörner und geringe Mengen schwar-
  zer Pfeffer sind gut.
- *Nüsse:* Alle Nußsorten sind gut.
- *Bohnen:* Essen Sie wenig Bohnen, außer Tofu und
  Mungbohnensuppe.
- *Fleisch und Fisch* (für Nichtvegetarier): Huhn, Puter
  und Meeresfrüchte sind in Ordnung. Rindfleisch sollte
  gemieden werden.

5 LEBENSFREUDE – DIE WAHRE LÖSUNG

Die physiologischen und biologischen Aspekte des Suchverhaltens sind, wie es scheint, gründlich von allen möglichen Seiten beleuchtet worden. Ein großer Teil dieser Arbeiten hat wertvolle Erkenntnisse geliefert – und doch ist das Phänomen der Abhängigkeit in allen seinen Erscheinungsformen immer noch sehr präsent und nimmt in vielen Bevölkerungsschichten sogar noch zu. Sicher bin ich nicht der erste, der einen Ansatz auf spiritueller Grundlage in Verbindung mit den neuesten wissenschaftlichen Erkenntnissen als beste Methode zur erfolgreichen Suchtbehandlung vorschlägt. Ich habe bereits erwähnt, wie sehr ich die »Zwölf Schritte« der Anonymen Alkoholiker und anderer Organisationen schätze. Zum Schluß möchte ich meine eigenen zwölf Punkte vorstellen, die Suchtverhalten durch wirkliche Lebensfreude ersetzen.

Im ersten Teil dieses Buches habe ich zwischen Glück und Freude unterschieden. Glück ist ein Gefühl, das von einer äußerlichen Erfahrung ausgelöst wird, zum Beispiel dadurch, daß man einen Geldschein auf der Straße findet, während Freude im wesentlichen von innen kommt. Freude ist die Rückkehr zu der tiefen inneren Harmonie zwischen Körper, Geist und Seele, die schon bei unserer Geburt bestand und die wir wiederherstellen können. Ist diese Harmonie wieder eingekehrt, besteht kein Bedarf mehr für Anregungs- oder Beruhigungsmittel oder irgend etwas anderes, das man kaufen, verstecken, spritzen, schnupfen, anschalten oder abschalten muß. Als Kind haben Sie das alles nicht gebraucht, denn ein sonniger Tag und die Liebe Ihrer Familie genügten, um Sie mit Freude zu erfüllen. Dieses Offensein für Liebe, die Fähigkeit, mit der Welt um Sie herum eins zu sein, ist immer noch da. Wenn Sie eine Zeitlang abhängig waren, haben Sie vielleicht den Eindruck, Sie könnten niemals wieder der Mensch sein, der Sie vor der Sucht waren. Aber es *ist* möglich. Es ist sogar unvermeidlich, wenn Sie Schuldgefühle und Schuldzuweisungen aufgeben und damit beginnen, mehr und mehr Erfahrungen wahrer Freude in Ihr Leben aufzunehmen. Die folgenden Vorschläge sollen Ihnen dabei helfen.

Da ich nicht möchte, daß diese Vorschläge wie unabänderliche, in Stein gehauene Gebote erscheinen, habe ich sie in die Form von Fragen gekleidet. Beachten Sie, daß keine dieser Fragen irgend etwas über Abhängigkeit aussagt, über Abstinenz oder Vermeiden. Es sind einfach nur Dinge, die Sie tun können, um sich zu öffnen – der Gesundheit, der Freude und dem Leben selbst.

Ich bitte Sie nachdrücklich, diese Liste von Zeit zu Zeit wieder zu lesen, am besten am Ende eines Tages. Wenn Sie eine der Erfahrungen machen konnten, wie haben Sie sich dabei gefühlt? Wenn es nicht der Fall war, hätten Sie vielleicht morgen die Gelegenheit dazu?

ZWÖLF SCHRITTE
ZUM INNEREN GLEICHGEWICHT

1. *Haben Sie letzte Nacht ausreichend geschlafen?*
   Einige Menschen brauchen mehr Schlaf als andere. Wie viele Stunden für Sie am besten sind, hängt von Ihrem Alter, Ihrem Konstitutionstyp und vielen ande-

ren Faktoren ab. Es ist erwiesen, daß sowohl zuviel Schlaf als auch Schlaflosigkeit Anzeichen für eine Depression sind – und viele Abhängige sind natürlich verständlicherweise depressiv. Wenn Sie mehr als zehn oder weniger als sechs Stunden pro Nacht schlafen, dann können Sie hier wahrscheinlich einige Veränderungen vornehmen. Weitere Informationen zum Schlafen und seinen positiven Wirkungen finden Sie in meinem Buch »Endlich erholsam schlafen«, das ebenfalls in der Reihe »Lübbe Ayurveda Ratgeber« erschienen ist.

2. *Haben Sie den Tag mit »nährenden« Tätigkeiten begonnen, die Sie körperlich und seelisch gestärkt haben?*
Die ersten Stunden entscheiden darüber, wie Sie sich im weiteren Verlauf des Tages fühlen. Wachen Sie möglichst ohne Wecker auf. Wenn es nicht anders geht, benutzen Sie einen Radiowecker und stellen Sie einen Sender mit beruhigender Musik ein. Fühlen Sie sich nicht verpflichtet, die Nachrichten zu hören oder morgens als erstes den Fernseher einzuschalten. Vielfach hört oder sieht man nur negative Informationen, die einen den Tag »mit dem linken Fuß« beginnen lassen. Über das Frühstück sagt der Ayurveda, daß man – wenn überhaupt – nur etwas ganz Leichtes zu sich nehmen sollte. Wenn Sie jedoch Appetit auf ein großes Frühstück haben, dann genießen Sie es. Das ist besser, als sich schon morgens damit abzuquälen, daß man sich etwas versagt. Der frühe Morgen ist die ideale Zeit zum Meditieren, und sobald die Meditation Teil Ihres Lebens geworden ist, ziehen Sie ganz natürlich ein leichteres Frühstück vor.

3. *Waren Sie bei der Arbeit wirklich zufrieden?*
   Mangelnde Zufriedenheit bei der Arbeit ist der häufig-
   ste Grund für Depressionen, die im weiteren Verlauf
   zu Abhängigkeitsverhalten führen. Wenn Sie mit Ihrer
   Arbeit nicht zufrieden sind, vermag kein noch so
   großer finanzieller Vorteil Sie für den Mangel an Lebensfreude zu entschädigen. Es heißt, ein Genie sei jemand, der sich seine Arbeit selbst erfinden könne. Ihr
   Beruf sollte auch Ihre Kreativität und Ihr Wachstum
   fördern. Selbst wenn momentan keine radikalen Veränderungen möglich sind, sollten Sie nach Bereichen
   außerhalb Ihrer jetzigen Arbeit Ausschau halten, die
   sich im Lauf der Zeit ausbauen lassen. Ich freue mich,
   daß mir das mit dem Schreiben gelungen ist, obwohl
   ich viele Jahre lang auch ganztags in meiner Arztpraxis
   tätig war.

4. *Wenn Sie sich über jemanden oder über etwas geärgert
   haben, konnten Sie den Ärger auf konstruktive Weise
   ausdrücken?*
   Zwar kann ein plötzlicher und heftiger Zornesausbruch
   Schaden anrichten, aber es ist auch ein Fehler, ihn einfach zu unterdrücken und die destruktiven Gefühle im
   Inneren schwären zu lassen. Der Ayurveda sagt, Ärger
   müsse »verdaut« werden wie alles andere, das der Körper aufnimmt. Der Schlüssel dazu ist die Erkenntnis,
   daß der Ärger von uns selbst ausgeht, nicht davon, was
   jemand anderes gesagt oder getan hat. Ganz gleich,
   was geschieht, wir haben immer die Wahl, auf welche
   Weise wir reagieren wollen. Wenn Sie erst einmal gelernt haben, die richtige Wahl zu treffen, werden Sie
   auch Ihren Ärger genauso verarbeiten können, wie Ihr
   Körper Nahrung und Getränke verarbeitet. Wenn die
   Gefühle erst einmal »verdaut« sind, können Sie sie

auch ausdrücken, ohne sich selbst oder anderen zu schaden.

5. *Sind Sie heute mit offenen Augen durch die Natur gegangen und haben Sie sich an ihr gefreut?*
Der Ayurveda lehrt, daß es eine universelle Lebenskraft gibt, die im Sanskrit *Prana* genannt wird. Sie ist die Energiequelle für alle Lebewesen. Eine Quelle für *Prana* ist gesunde Nahrung, jedoch keineswegs die einzige oder wichtigste. Selbst wenn Sie in einem Stadtgebiet wohnen und arbeiten, können Sie durch Pflanzen und Blumen mit der Natur verbunden bleiben. Wenn Sie Zeit haben, können Sie im Park oder an einem Gewässer spazierengehen oder sich einfach täglich eine Weile in der Sonne aufhalten. Sie können eine wirklich reiche Naturerfahrung machen, einfach indem Sie zum Beispiel ein Samenkorn in einen Blumentopf pflanzen, es sorgfältig gießen und das Wachsen der Blume liebevoll beobachten. Das Maß an Aufmerksamkeit und Bewußtsein, das Sie solchen *Prana*-fördernden Aktivitäten widmen, ist dabei wichtiger als das, was Sie tun.

6. *Haben Sie für angenehme Tätigkeiten oder körperliche Bewegung Zeit gefunden?*
In den letzten zwanzig Jahren wurde in vielen wissenschaftlichen Untersuchungen nachgewiesen, daß eine bestimmte Hormongruppe, die Endorphine, eine äußerst positive körperliche und seelische Wirkung haben. Körperliche Bewegung ist eine der besten Methoden, um das Gehirn zur Ausschüttung von Endorphinen anzuregen, die auch für das vielen Sportlern bekannte »runner's high« (Hochgefühl beim Laufen) verantwortlich sind. Aber Sie müssen gar nicht solche Anstrengungen auf sich nehmen. Die oben beschriebe-

nen Yoga-Übungen zielen darauf ab, die Energiezentren des Körpers anzuregen, die im Ayurveda *Marma*-Punkte genannt werden. Durch das Anregen dieser Punkte fließt die Energie von innen her. Zudem erfordert Yoga weder die Zeit noch den finanziellen Aufwand vieler anderer Sportarten. Selbst wenn sie dem Yoga täglich nur wenige Minuten widmen können, schenkt er ihnen viele positive Auswirkungen der Meditation und stärkt gleichzeitig den Körper. Eine verbesserte körperliche Verfassung wird Sie weniger anfällig für selbstzerstörerische Aktivitäten machen.

7. *Hatten Sie Gelegenheit, einige Zeit allein in der Stille zu verbringen?*
Ein wirres Durcheinander in vielen Formen kennzeichnet unser heutiges Leben, und das kann außerordentlich beängstigend wirken. Das Gegenmittel ist die Fähigkeit, in die Stille zu gehen und sie zu genießen. Die ayurvedische Meditation hat letztlich zum Ziel, die Stille zwischen den Gedanken wahrzunehmen. Das geringe Maß an Selbstdisziplin, das die Meditation erfordert, wird mehr als aufgewogen durch die reiche Erfahrung der ruhevollen Wachheit, die paradoxerweise beruhigend und anregend zugleich ist. Ich bin davon überzeugt, daß Meditation die wirksamste Methode zur Behandlung jeder Suchtkrankheit ist.

8. *Haben Sie heute von Herzen gelacht?*
Es gibt viele Arten zu lachen, wie es auch viele Arten zu sprechen gibt. Infolge von Streß und Ärger verlernen viele Menschen, von Herzen zu lachen. Ein großer Teil des heutigen Humors besteht daraus, andere herunterzumachen oder sich an dem Unglück eines anderen zu weiden. Herzloses Gelächter kann sehr zerstö-

rerisch wirken. Lachen, das von Wärme und Freude getragen wird, hat dagegen fast zauberische Kräfte, körperliche und emotionale Leiden zu heilen. Erinnern Sie sich an Ereignisse, über die Sie irgendwann einmal wirklich herzlich lachen mußten? Vielleicht möchten Sie sie aufschreiben. Welches sind die drei wirklich lustigsten Vorfälle, die Sie je erlebt haben? Diese Momente sollten Sie wie einen Schatz hüten und immer dann an sie denken, wenn negative Gefühle Sie zu überwältigen drohen. Lachen kann wirklich eine positive Sucht sein, Lachen kann das Verlangen nach anderen Abhängigkeiten überlagern.

9. *Konnten Sie sich ausruhen, falls Sie müde waren oder unter Streß standen?*
Die meisten Menschen haben das Gefühl, nie genug Zeit zu haben, aber natürlich hat niemand mehr Zeit als irgend jemand anderes. Bei einem *Vata*-Ungleichgewicht, dem üblichen Begleiter von Suchtverhalten, müssen Sie auch mitten in einer vielleicht unpassend erscheinenden Situation Ihrem Ruhebedürfnis Rechnung tragen. Nach ayurvedischem Verständnis gibt es im Tagesverlauf bestimmte Phasen, die von Natur aus zur Entspannung geeignet sind. Diese Zeiten werden von *Kapha* beherrscht, dem ruhigsten und stabilsten *Dosha*, und sie liegen morgens und abends zwischen sechs und zehn Uhr. Falls möglich, nutzen Sie diese Tageszeiten als Ruhephasen ohne Zeitdruck. Die *Kapha*-Perioden sind ideal zum Meditieren. Aber auch nach der Meditation wirkt es sich sehr positiv aus, während dieser Zeitblöcke morgens und abends nur unkomplizierteren, angenehmen Tätigkeiten nachzugehen. Die Welt wird nicht zusammenbrechen, wenn Sie die Dinge eine Weile leichter nehmen. Im Gegenteil,

sie werden Ihnen sogar für den Rest des Tages besser von der Hand gehen.

10. *Haben Sie Ihre Mahlzeiten in einer angenehmen Umgebung und in angenehmer Gesellschaft eingenommen?*
Aus ayurvedischer Sicht ist die Nahrung, aus der eine Mahlzeit besteht, weniger wichtig als die damit verbundenen Gefühle. Auch die Gefühle derer, die das Essen zubereitet haben, sind sehr wichtig. Obwohl wir uns an den Gedanken von »Fast Food« und die dadurch veränderten Eßgewohnheiten gewöhnt haben, ist die Fähigkeit, Essen wirklich zu genießen, ein zentraler Punkt der Lebensfreude. Und bis Sie tatsächlich wieder imstande sind, das Leben zu genießen, wird Abhängigkeit und anderes selbstzerstörerisches Verhalten vielleicht weiter ein Problem sein. Versuchen Sie, mindestens eine Mahlzeit täglich wirklich angenehm und erholsam zu gestalten. Der Ayurveda empfiehlt, diese Mahlzeit möglichst zu Mittag einzunehmen.

11. *Haben Sie Freunden und Familienmitgliedern gegenüber heute Liebe gezeigt?*
Liebe kann man auf viele verschiedene Arten zeigen. Menschen nehmen Zuneigung am besten durch den Tastsinn wahr, und Körperkontakt ist sicherlich eine wunderbare Art, Liebe zu zeigen. Reden, zuhören, eine Mahlzeit miteinander teilen, gemeinsam einen Abendspaziergang machen, Musik hören mit Menschen, die einem nahestehen, gehören auch zu den Möglichkeiten, Zuneigung zu zeigen, aber unter dem Druck des heutigen Lebens vergißt man sie leicht. Zuneigung kann man nicht planen wie Zeiten für Meditation oder Körperübungen. Sie können sich jedoch der

Liebe zu den Ihnen nahestehenden Menschen sehr bewußt sein und Wege finden, diese Gefühle jederzeit spontan und mit Freude auszudrücken. Es gibt nichts Gesünderes und Wichtigeres im Leben.

12. *Haben Sie Ihrerseits auch die Liebe anderer frei und freudig empfangen?*

Wenn Ihnen bewußt wird, daß Sie von vielen Menschen geliebt werden – daß Ihre eigene Existenz eine Manifestation der Liebe ist –, werden Sie auch frei von dem Bedürfnis nach Abhängigkeit sein. Liebe ist der größte Reichtum. Verglichen mit der Liebe hat keine suchterzeugende Substanz irgendeine Macht.

Die Themen dieses Buches decken nur einige wenige der am weitesten verbreiteten Suchtkrankheiten in unserer heutigen Gesellschaft ab. Es gibt auch Menschen, die abhängig sind vom Kaufen, vom Schuldenmachen, vom zu schnellen Fahren, vom Sammeln, von Hunderten von anderen Verhaltensweisen. Es gibt sogar Menschen, die süchtig sind nach chirurgischen Eingriffen. Man sagt, wir lebten in einer Gesellschaft der Süchte – wir seien süchtig nach Sucht –, und vielleicht trifft das zu. In dem Sinne, daß Suchtverhalten eine Suche nach Erfüllung in Bereichen darstellt, wo echte Erfüllung nicht zu finden ist, glaube ich tatsächlich, daß Suchtkrankheiten bezeichnend für das heutige Leben sind. Ich bin jedoch auch der Meinung, daß unsere ausgesprochen materialistische Weltsicht sich jetzt dahin weiterentwickelt, spirituelle Werte wirklich anzuerkennen. Mehr als jede Gesetzes- oder Strafmaßänderung verkörpert dieser Wandel am besten die Hoffnung, die Suchtproblematik zu mindern oder zu beseitigen. Wenn eine Abhängigkeit in Ihrem Leben Schaden angerichtet hat, dann bedeutet die Tatsache,

daß Sie dieses Buch lesen, daß Sie an dem bedeutsamen
Wandel der Perspektive teilhaben, der gegenwärtig stattfindet. Die Perspektive verschiebt sich: weg von den illu-
sorischen Vergnügungen durch Substanzen und Anregungsmittel und hin zu der inneren Freude – der echten
Ekstase –, die Sie in Ihrem eigenen spirituellen Selbst
finden.

Beginnen Sie jetzt, seien Sie stolz auf Ihren ernsthaften Entschluß, und fangen Sie an, die wirklich unend-
lichen Möglichkeiten zu genießen, die jeder Augenblick
des Lebens für Sie bereithält.

WÖRTERVERZEICHNIS

Ayus – Leben, langes Leben, Lebensspanne

Caraka Samhita – gesammelte Werke des Ayurveda in Hymnenform, laut Tradition vom legendären Arzt Caraka niedergeschrieben. Dessen Lebensdaten sind sehr unsicher und schwanken zwischen dem ersten Jahrtausend v. Chr. und dem zweiten Jahrhundert n. Chr.

Dharma – Lebensaufgabe, Wissen um den Sinn des Lebens, Pflicht

Dosha – Funktionsprinzip des Geist-Körper-Systems (siehe *Vata*, *Pitta* und *Kapha*)

Kapha- Strukturprinzip (siehe *Dosha*)

Karma – Handlung; physische Handlung oder geistiger Vorgang wie ein Gedanke oder ein Gefühl

Mantra – Klangsilbe, die bei der Meditation benutzt wird

Marma – Vitalpunkt; es sind 107 *Marmas* auf der Körperoberfläche beschrieben

Panchakarma – fünf Handlungen; die großen physikalischen Reinigungsverfahren des Ayurveda

Pitta – Stoffwechsel- oder Energieprinzip (siehe *Dosha*)

Prakriti – Natur; auch Konstitutionstypus

Prana – Quelle der Lebenskraft

Sanskara – Samen der Erinnerung

Sattva – Reinheit; zum Beispiel das Bewußtsein in seinem natürlichen, ruhigen und klaren Zustand

Soma – Nektar der Götter; Opfertrank der vedischen
   Religion
Vasana – Samen der Wünsche
Vata – Bewegungsprinzip (siehe *Dosha*)
Veda – Wissen
Vikriti – Ungleichgewicht der *Doshas*
Yoga – Einheit; ein System der indischen Philosophie;
   umfaßt acht »Gliedmaßen« wie *Asanas* (Körper-
   haltungen), *Pranayama* (Atemübungen) und *Dhyana*
   (Meditation) usw.

LITERATURHINWEISE

Condry, John C. The Psychology of Television. Hillsdale, N.J.: L. Erlbaum Associates 1989.

Diagnostisches und Statistisches Manual Psychischer Störungen DSM-IV. Übersetzt nach der vierten Auflage des Diagnostic and Statistical Manual of Mental Disorders der American Psychiatric Association. Göttingen, Bern, Toronto, Seattle 1996.

Doweiko, Harold E. Concepts of Chemical Dependency. Pacific Grove, Cal.: Brooks/Cole Publishing Company 1996.

Frawly, David. Ayurvedic Healing/Ayurvedische Naturmedizin in Indien. Laufersweiler: VVB 1997.

Gelernter, David. 1939: The Lost World of the Fair. New York: Avon Books 1995.

Hemingway, Ernest: »Ein sauberes, gutbeleuchtetes Café«. In: Sämtliche Erzählungen. Reinbek bei Hamburg: Rowohlt 1996.

Johnson, Robert A. Ecstasy: Understanding the Psychology of Joy. San Francisco: HarperCollins 1987.

Ludwig, Arnold M., M.D. Understanding the Alcoholic's Mind. New York: Oxford University Press 1988.

Milkman, Harvey, and Sunderwerth, Stanley. Craving for Ecstasy: The Consciousness and Chemistry of Escape. New York: Lexington Books 1987.

Phillips, Adam: Vom Küssen, Kitzeln und Gelangweiltsein. Göttingen: Steidl 1997.

Regis, Edward. Who Got Einstein's Office?: Eccentricity
    and Genius at the Institute for Advanced Study.
    Reading, Mass.: Addison-Wesley 1987.
Szasz, Thomas. Ceremonial Chemistry. Garden City,
    N.Y.: Anchor/Doubleday 1974.
Weil, Andrew, and Rosen, Winifred: From Chocolate to
    Morphine: Everything You Need to Know About
    Mind-Altering Drugs. Boston: Houghton Mifflin 1983.

INFORMATIONSADRESSE

The Chopra Center for Well Being
7630 Fay Avenue
La Jolla, California 92037 USA
Phone 619.551.7788 | Toll Free 888.424.6772
FAX 619.551.7811 | e-mail info@chopra.com

REGISTER

(Die Begriffe Abhängigkeit, Sucht, Abhängiger, Süchtiger wurden wegen ihres häufigen Vorkommens nicht aufgenommen.)